Marketing Basic Selection Series
マーケティング・ベーシック・セレクション・シリーズ

ダイレクト・マーケティング

㈱経営教育総合研究所
山口正浩 監修
Yamaguchi Masahiro

竹永 亮 編著
Takenaga Makoto

Direct
Marketing

同文舘出版

マーケティング・ベーシック・セレクション・シリーズ発刊にあたって

　マーケティング・ベーシック・セレクションシリーズの発刊には、経営教育総合研究所の主任研究員が携わってきた多数の企業や大学、地方公共団体での講義や研修、上場企業や中小企業へのコンサルティングがベースとなっています。

　マーケティング研修で、受講生に「マーケティング」から連想するキーワードを質問すると「企業戦略」、「販売促進」、「広告宣伝」、「営業担当者の強化」、「Web」、「TVCM」など、さまざまな答えが挙がります。消費者行動や企業活動の多様化に伴い、マーケティングも、さまざまな切り口から考えられるようになりました。

　本シリーズでは、多様化しているマーケティングを下記の12テーマのカテゴリーに分類し、最新事例や図表を使用してわかりやすくまとめています。本シリーズで、各カテゴリーのマーケティング知識を理解し、活用していただければ幸いです。

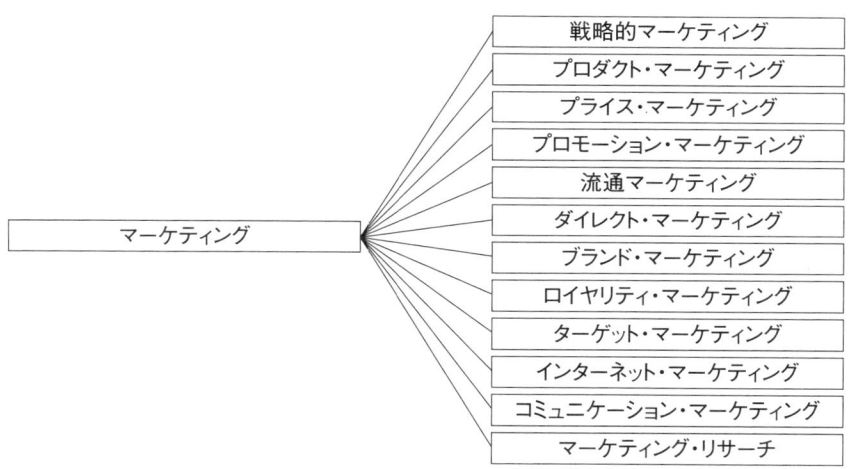

　本シリーズは一般の書籍と異なり、マーケティング・ベーシック・セレクションシリーズ専用のHPを開設しています。HPでは書籍に書ききれなかった監修者・執筆者のコメントや、マーケティングに関する最新情報を紹介しています。本シリーズで学習したら、下記のHPにアクセスし、さらなる知識を吸収してください。
URL　http://www.keieikyouiku.co.jp/MK

株式会社 経営教育総合研究所
代表取締役社長　山口 正浩

まえがき

　カタログ通信販売やテレビ・ショッピングは、誰もが一度は利用したことのある業態であり、現在の消費生活の中でなじみ深いショッピング形態です。

　本書では、カタログ通信販売やテレビ・ショッピングを、店舗を介さずに消費者に直接商品を届ける仕組みとして、ダイレクト・マーケティングという用語でひと括りにして考えていきます。

　ダイレクト・マーケティングの原型といわれる最古の形態は、100年以上前から存在していた外回りの営業訪問にあります。マーケティングという概念が体系として成立したのは50年以上前にさかのぼり、ピーター・ドラッカーが著書『現代の経営』の中で、「顧客の創造こそ企業の目的である」とマーケティングの本質を謳いあげたところに端を発しています。

　1980年代まで、マーケティングは、「販売・流通」と同義語として使用されていました。学術的には、マッカーシーにより「マーケティングとは、製品（Product）、価格（Price）、販売促進（Promotion）、流通（Place）などを企画し、実施するプロセスである」という定義が提唱され、マーケティングはこれらの「4つのP」によって構成される企業活動となりました。この概念が、大量生産・大量販売のマス・マーケティングの時代にマッチしていました。

　1990年代に入り、モノ中心の時代からココロ中心の時代に変化するなど市場環境の変化を反映して、「4つのP」に顧客関係重視の視点が加味されるようになり、現在に至っています。

　今日では、インターネットの急速な進展から、IT技術を使った顧客とのインタラクティブ（双方向的）なコミュニケーションがマーケティングに結びつき、ダイレクト・マーケティングという用語とともに注目

を浴びるようになりました。

　ダイレクト・マーケティングは、これまでの販売志向であった伝統的マス・マーケティングから顧客重視にシフトしたうえで、IT技術を加味した概念としてとらえられています。

　ダイレクト・マーケティングの先進国アメリカで、ダイレクト・マーケティングという呼称を提唱したのは、レスター・ワンダーマン（世界で最初のダイレクト・マーケティング・エージェンシーであるワンダーマン社の創業者で、ダイレクト・マーケティングの世界的権威）です。彼が、理論的な説明とともに、マサチューセッツ工科大学で発表した1967年以来の呼称です。

　日本では、通信販売をダイレクト・マーケティングの原型とする考え方もありますが、先に述べたさまざまな形態がある中で、通信販売をダイレクト・マーケティングの代表とするには総体を表していません。自動販売機マーケティングも電話マーケティングもWebマーケティングも、実態としてダイレクト・マーケティングの一部をなしています。

　本書では、ダイレクト・マーケティングを、市場や顧客を、企業が作った製品の売り込みだけを対象とするのではなく、新たな製品を産み出すために必要な情報基盤ととらえます。

　成功企業の事例を分析し、企業がダイレクト・マーケティングを展開する際、どのような点に留意し、戦略を立て、どのようなプロセスでそれを実行し、製品を作り、人を育て、顧客との関係を良好なものにしていくのかを明らかにしていきます。

　一読していただければ、ダイレクト・マーケティングの全体像を把握していただけると信じています。

2009年7月

　　　　　　　　　編著者　竹永亮（株式会社経営教育総合研究所）

マーケティング・ベーシック・セレクション・シリーズ
ダイレクト・マーケティング ● ─────────── 目次

PART 1
ダイレクト・マーケティングの概要

section1	ダイレクト・マーケティングの定義	010
section2	電話マーケティング	014
section3	訪問販売マーケティング	018
section4	自動販売機マーケティング	022
section5	カタログ・マーケティング	026
section6	テレビ・マーケティング	030
section7	その他のダイレクト・マーケティング	034

PART 2
ダイレクト・マーケティングの
マーケティング戦略

section1	ダイレクト・マーケティングの標的市場の設定	040
section2	ダイレクト・マーケティングのマーケティング・ミックス	044
section3	ダイレクト・マーケティングのプロモーション	048
section4	ダイレクト・マーケティングのプロモーション・ミックス	052
section5	ダイレクト・マーケティングとWebマーケティング	056

PART 3
ダイレクト・マーケティングの法規制

section1	ダイレクト・マーケティングと法規制	062
section2	特定商取引法による規制①	066
section3	特定商取引法による規制②	070
section4	契約に関する法規制	074
section5	個人情報保護法による規制	078

PART 4
電話マーケティング

section1	電話マーケティングの標的市場設定法	084
section2	電話マーケティングの価値創造戦略	088
section3	電話マーケティングの価値伝達戦略	092
section4	電話マーケティングの事例①	096
section5	電話マーケティングの事例②	100

PART 5
訪問販売マーケティング

- section1　訪問販売の標的市場設定法 …………………………… 106
- section2　訪問販売の価値創造戦略 …………………………… 110
- section3　訪問販売の価値伝達戦略 …………………………… 114
- section4　訪問販売の事例① ………………………………………… 118
- section5　訪問販売の事例② ………………………………………… 122
- section6　訪問販売の事例③ ………………………………………… 126

PART 6
自動販売機マーケティング

- section1　自動販売機マーケティングの標的市場設定法 ……… 132
- section2　自動販売機マーケティングの価値創造戦略 ………… 136
- section3　自動販売機マーケティングの価値伝達戦略 ………… 140
- section4　自動販売機マーケティングの事例 …………………… 144

PART 7

カタログ・マーケティング

section1	カタログ・マーケティングの特徴と種類	150
section2	カタログ・マーケティングのフロー	154
section3	フルフィルメント	158
section4	カタログ・マーケティングの価値創造戦略	162
section5	カタログ・マーケティングの価値伝達戦略	166
section6	カタログ・マーケティングの事例①	170
section7	カタログ・マーケティングの事例②	174

PART 8

テレビ・マーケティング

section1	テレビ・マーケティングの標的市場設定法	180
section2	テレビ・マーケティングの価値創造戦略	184
section3	テレビ・マーケティングの価値伝達戦略	188
section4	テレビ・マーケティングの事例	192

装丁・本文 DTP ●志岐デザイン事務所

section 1　ダイレクト・マーケティングの定義
section 2　電話マーケティング
section 3　訪問販売マーケティング
section 4　自動販売機マーケティング
section 5　カタログ・マーケティング
section 6　テレビ・マーケティング
section 7　その他のダイレクト・マーケティング

PART 1

ダイレクト・マーケティングの概要

ダイレクト・マーケティングとは何か？
ダイレクト・マーケティングの
意義と仕組みを理解する

section 1　ダイレクト・マーケティングの概要

ダイレクト・マーケティングの定義

　マーケティング学の世界的権威コトラーは、『マーケティング原理』の中で、「マーケティングとは個人やグループが製品や価値を作り出し、それを他者と交換することによって必要としているものや欲しいものを獲得するという社会的かつ経営的なプロセスである」としています。

　現在、ダイレクト・マーケティングはどのように定義されるのでしょうか。ここでは、ダイレクト・マーケティングの定義について整理・検討してみましょう。

図 1-01　マーケティングの中核となる概念

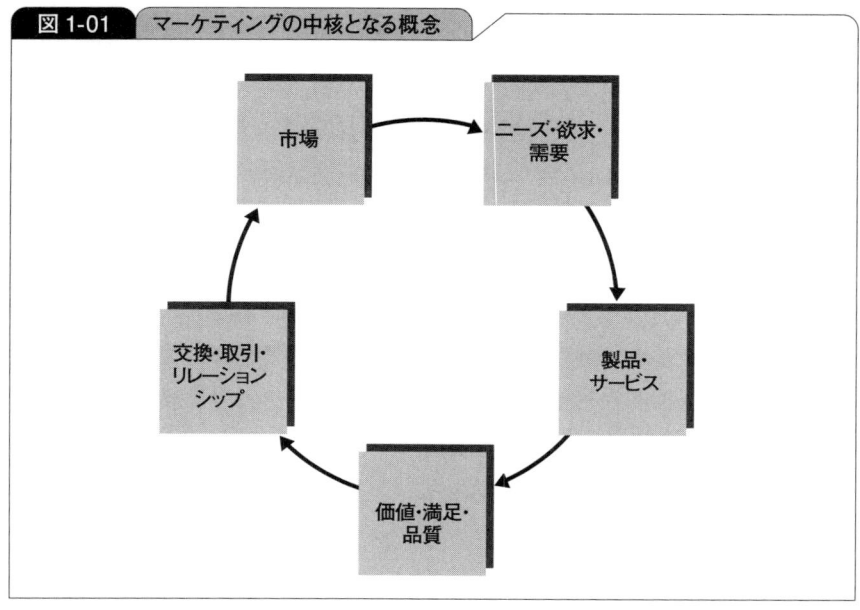

(1) 日米のマーケティング機関による定義

　アメリカでは、ダイレクト・マーケティングを、「注文（ダイレクト・オーダー）という形、より詳細な資料・情報請求（リード・ジェネレーション）という形、または特定の物品やサービスの購入のために、店舗その他の取引場所に足を運ぶ（トラフィック・ジェネレーション）という形で、レスポンスを発生させるために設計された、個人消費者または個別企業に対する直接のコミュニケーション」と定義しています。

　日本でのダイレクト・マーケティングの概念は、まだ明確に規定されてはいません。日本マーケティングの『マーケティング協会用語辞典』によると、「本来は、メーカーから消費者に直接、商品を販売する形態である。たとえば、本社や工場での直接販売やセールスパーソンによる家庭訪問販売、メーカーの直営店舗による小売店舗販売などがある。近年は、インターネット・マーケティングや電話マーケティング、カタログ・マーケティング、テレビ・ショッピングなどの無店舗販売が成長しており、顧客データベースに基づく顧客管理システム、商品情報・生活情報を提供するマーチャンダイジング・システム、受注と発送ならびに代金回収などの一連の処理システムなどのしくみ」と説明しています。

　このように、ダイレクト・マーケティングは、定義する時点または視点によって、表現が広義化、拡大化し、IT化しています。

(2) 伝統的マーケティングと今日的ダイレクト・マーケティング

　伝統的なマス・マーケティングと今日的なダイレクト・マーケティングの両者を対比させ、ダイレクト・マーケティングの意義について理解を深めます。

　マス・マーケティングは、1つの製品と1つの標準化されたメッセージとが、マスメディアを通じて膨大な数の購買者に送り届けられ、購買者の注意を引き、購入に結び付けるという製品中心のプロセスです。

一方、ダイレクト・マーケティングは、標的顧客として選ばれた個人と直接コミュニケーションを図り、直接応答を取り付けるとともに、継続的な顧客関係を築こうとします。マス・マーケティングが製品中心のアプローチなら、ダイレクト・マーケティングは顧客中心のアプローチです。

　今日的な意味合いでのダイレクト・マーケティングを理解するために、デル・コンピュータを例としてあげてみましょう。

　ダイレクト・マーケティングのパイオニアといわれるデル・コンピュータでは、電話やWebサイトで顧客と直接コミュニケーションを取り合い、各顧客のニーズに合った製品を製造するシステムが設定されます。顧客はデル・コンピュータに注文すると、デル・コンピュータは相手の自宅や職場に、すばやく効率的に注文品を配送します。

　ダイレクト・マーケティングを理解するうえで、その特性をマス・マー

図1-02　マス・マーケティングとダイレクト・マーケティングの比較

比較のポイント	マス・マーケティング	ダイレクト・マーケティング
経営的視点	製品本位	顧客意識
ビジネスの姿勢	単発・都度的	連続的・反復
市場	不特定多数、シェア重視	特定限数、費用対効果重視
コミュニケーション	片方的、独話的	双方向的、対話的

出典：『ダイレクト・マーケティング』中澤功著(ダイヤモンド社)p23より筆者作成

ケティングと比較したのが図1-02です。

　ダイレクト・マーケティングの進展により、マーケティング戦略の全体の中で、「製品中心」から「顧客中心」へパラダイム・シフト（思考の枠組みの大転換）が発生しています。

　リレーションシップ・マーケティングという用語は、マス・マーケティングでの顧客関係性を指しますが、ダイレクト・マーケティングは、顧客関係そのものがマーケティング活動のエッセンスとなります。CRM（カスタマー・リレーションシップ・マネジメント;顧客関係を管理すること）という用語も、ダイレクト・マーケティングが発展する中で登場してきた概念であり、ビジネス・システムです。

(3) ダイレクト・マーケティングの具体例

　本書では、ダイレクト・マーケティングの次の6つの形態を具体的な姿と位置付け、実態を詳述します。
①電話マーケティング
②訪問販売マーケティング
③自動販売機マーケティング
④カタログ・マーケティング
⑤テレビ・マーケティング
⑥その他のダイレクト・マーケティング（宅配ビジネス、連鎖販売取引）

section 2　ダイレクト・マーケティングの概要
電話マーケティング

　電話マーケティングとは、電話を顧客とのコミュニケーション手段として活用した、ダイレクト・マーケティングの一形態です。テレ・マーケティングともいいます。ここでは、電話マーケティングの全体像について見てみましょう。

(1) 電話マーケティングの定義
　日米の電話マーケティング業界では、電話マーケティングを「よく計画され、組織され、かつ管理されたマーケティングのプログラムの一部として、電話コミュニケーションの技術を使ったマーケティング手法」と定義します。
　ただし、電話を受けた人が「電話をかけてくれてよかった」と感じることが前提です。何らかの手段で入手した名簿をもとに、片っ端から電話をかける方法は、電話マーケティングではありません。
　顧客にとって、よく知っている店（会社）からの電話は貴重な情報です。ただし、電話を嫌う顧客であれば、顧客のデータに「電話不要」と記録しておき、ダイレクト・メールだけに留めておかなければなりません。顧客に合わせた方法をとることが大切です。

(2) 電話マーケティングの類型
　電話マーケティングを受発信と対象顧客の2つの軸で分けると、図1-03のようになります。インバウンドとは、受信業務のことで、各種の問い合わせや注文に応えることです。アウトバウンドとは、顧

図1-03　電話マーケティングの類型

B to B	インバウンド	●商品、サービスの受注 ●顧客サービス
B to B	アウトバウンド	●商品、サービスの売り込み ●アポイントのセッティング ●アフターフォロー
B to C	インバウンド	●商品、サービスの受注 ●問い合わせ対応 ●クレーム対応
B to C	アウトバウンド	●商品・サービスの売り込み ●アンケート調査

客または見込客に電話をかけることです。また、「BtoB（Business to Business）」とは、企業向けのマーケティングのことで、「BtoC（Business to Consumer）」とは、一般消費者（個人）向けのマーケティングです。

(3) 顧客データベース

　計画され、組織され、管理されたマーケティングを展開するためには、標的市場に属する顧客の情報を、できるだけ多くかつ正確に収集整理しなければなりません。そのためには「顧客データベース」が必要不可欠です。顧客データベースの作成では、顧客の属性（性別、年齢、趣味等）を電話マーケティングの導入目的に合わせて設計することが必要です。

　顧客の年齢や職業が明確になれば、在宅時間の可能性を類推してコールする時間を決めることができます。年齢や趣味によって話題や製品を選ぶことができます。提供する製品やサービスによって管理する情報を

決定しなければなりません。

(4) 電話営業スタッフの確保

スタッフは、社内の他部門からの異動と新規採用の場合があります。

①他部門からの異動（内部確保）

他部門から異動させる場合は、社内の実務を経験しているため、製品の知識は新規採用者に比べて豊富です。教育・指導では、電話コミュニケーションをメインとしたカリキュラムを作ります。

「なぜ異動させるのか」を明確にして、本人に理解納得させ、モチベーションを高めることが大切です。

②新規採用（外部確保）

電話を使う仕事ですから、採用基準に工夫が必要です。声の質・印象・会話の流れなどの「話す力」を従来の採用基準に加えます。仕事は単純作業の繰り返しのため、明るく前向きに取り組める性格が理想です。

(5) スタッフの教育・指導

スタッフが確保できたら、教育・指導の段階に入ります。その目的は、電話マーケティングのスタッフとして、一定の水準を維持し、ばらつきのないオペレーションを実行できることにあります。「何を」「いつまでに」「どのレベルまで」の目標を明確にして、指導計画を作成します。

ここでは、教育・指導で必ず行われるロール・プレイングについて解説します。教育指導には机上で学ぶ座学研修と、実際に体験して学ぶ実践指導があります。実践指導で行われるのがロール・プレイングです。ロール・プレイングにはいくつかの留意点があります。

①目的を1つに絞る

1回のロール・プレイングでは、「クレーム対応で相手を怒らせない」「話し方の癖をなくす」など、1つの目的に絞って指導します。

②通常業務と環境をそろえる

　通常業務で使うオペレーション・ルームで行います。会議室等で行う場合は、本番の環境にできるだけ近い状況を作ります。

③スーパーバイザーが顧客役

　スーパーバイザーとは、スタッフを管理・指導する立場の人のことです。スーパーバイザーが顧客役を演じて、対応方法をチェックします。

④全員でレビューする

　ロール・プレイングは、ボイス・レコーダー等に記録し、全員でチェックすることで、スタッフ全員の能力向上につながります。

(6) スーパーバイザーの役割

　スタッフを管理・指導するスーパーバイザーは、重要な役割を担います。スーパーバイザーの主な役割は、次の3つです。

①スタッフが快適に働ける環境を作る
②スタッフが効率的に仕事をできるように配慮する
③スタッフが自信を持ってオペレーションできるように指導する

(7) スクリプト

　スクリプトとは、相手との対話を円滑に進めるための「台本」です。

　スクリプトは、ロール・プレイングや実際の業務を通して見直し・検証を重ねて、継続的に改善しなければなりません。電話マーケティングでは「会話全体の流れ」や「言葉遣いと言い回し」の2つの視点を持ち、随時スクリプトを見直すことが大切です。

　スクリプト作成の目的は、次のとおりです。

①スタッフがコールの目的を見失わないようにする
②対話途中での拒否を防いで、スムーズな会話の流れを作る
③スタッフのレベルを均質化し、サービスを一定水準以上に保つ

section 3　ダイレクト・マーケティングの概要

訪問販売マーケティング

　訪問販売は、セールスパーソンが実際に個人宅や会社に訪問して営業活動する販売です。ここでは、訪問販売でのマーケティングの全体像について見てみましょう。

(1) 訪問販売の特徴と課題
　訪問販売は、大別すると次の2つのタイプがあります。
①ルート・セールス型
　一定のルートを定期的または随時に回り、顧客を訪問して営業活動を行う形態です。ルート・セールス型の訪問販売では、既存顧客の維持管理が中心課題です。
②受注セールス型
　前もって情報を収集した顧客、あるいは飛び込みで見込客と接触を継続しながら、機が熟したところで本格的な営業活動を行う形態です。付加価値が高い消費財や生産財に見られる形態です。
　訪問販売マーケティングは、セールスパーソンが顧客に直接訪問する形態ですから、カタログ・マーケティングやテレビ・マーケティングに比べて、行動範囲は狭くなります。限られた営業時間の中で、効率的な訪問と商談を行うことが課題です。

(2) 訪問販売に使われる製品の特徴
　訪問販売マーケティングでは、画一的な製品ではなく、顧客一人ひとりのニーズに応じてカスタマイズ（顧客の要望に応じ設定を変更するこ

図1-04　訪問販売に適した製品の例

個人向け商品	● 住宅関連商品（IHクッキングヒーター、オール電化製品、内装リフォームなど） ● 生命保険、損害保険（地震、火災など） ● 化粧品・下着 ● 学習教材
法人向け商品	● 各種機械・設備 ● 住宅地図 ● 物流サービス ● 研修教材

と）できる製品が多いことが特徴です。たとえば、生命保険や損害保険では、顧客一人ひとりのライフステージや生活の転換期（結婚、出産等）に契約内容を見直し、契約を更新します。顧客一人ひとりの状況変化に対して、製品の機能や付随サービスを的確に適合させることで、顧客と長期的な関係を構築できる製品特性が訪問販売に適しています。訪問販売に適した製品の例を、図1-04に示します。

(3) 訪問販売マーケティングの基本ステップ

訪問販売の基本ステップについて、フローをもとに解説します。標的市場の設定は、①業界全体の把握、②市場セグメンテーション、③標的市場の決定、の3段階で行います。

①業界全体の把握

「業界全体をとらえる」段階では、業界全体を調査して、市場のどこ

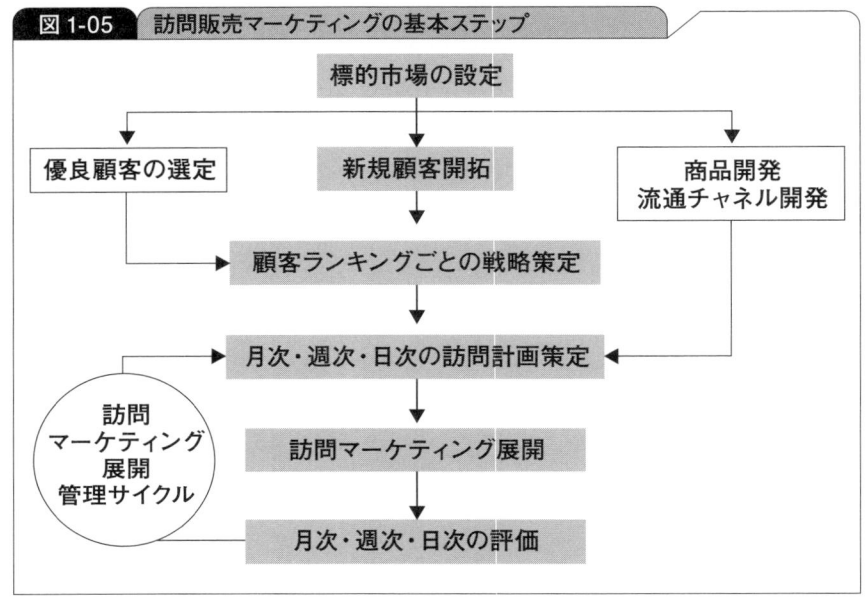

を攻めるのか、「戦う土俵」を決定します。

②市場セグメンテーション

　セグメンテーションとは、市場を細分化することです。市場を、同じような購買性向を持ったグループに分解します。市場細分化の基準には、「地理的基準」「人口動態的基準」「行動基準」などがあります。

③標的市場の決定

　ここでは、細分化した市場の魅力を判定します。市場の規模、成長性、競合他社等の脅威など、さまざまな要因を考慮して、標的市場を決定します。

　「優良顧客の選定」および「顧客ランクごとの戦略策定」は、業績全体に対する売上高の寄与度に着目します。

　直近2年間の売上高を顧客別に算出し、売上全体に対する割合を寄与度として算出します。売上高と寄与度の2軸でグラフ化して、グラフを

図 1-06　市場細分化の基準

地理的基準	訪問地域、町の規模など
人口動態的基準	性別、年齢、職業、年収、学歴など
行動基準	顧客のタイプ、使用頻度など
心理的基準	態度(積極的・消極的など)、動機など
社会的基準	所属集団、ライフスタイルなど
ベネフィット(便益)基準	品質、経済性、サービスなど

8つのブロックに分け、各ブロックの訪問販売戦略を立案します。手順は後述します（Part5 section 1）。

「新規顧客開拓」では、ローラー調査を行います。ローラー調査とは、潜在顧客の情報収集に有効な手法です。標的市場内の潜在顧客を調査・総点検して、有望顧客を洗い出すことが狙いです。

マーケティング担当者は、顧客との会話から、製品への要望やクレームなどを直接聞く立場にあります。顧客の意見を理解・整理して、製品改善の先導役となることが使命です。「売れないのは製品が悪いからだ」「売れないのは営業体制がなっていないからだ」という部門間の軋轢を排除しなければなりません。

訪問販売の実行段階では、経営管理の基本「管理（PDCA）サイクル」を回すことが重要です。月次・週次・日次、それぞれの管理サイクルを回すために、「月間訪問計画」「週間訪問計画」「営業日報」を作成し、フル活用します。

section 4　ダイレクト・マーケティングの概要
自動販売機マーケティング

　本書では、自動販売機によるビジネスもダイレクト・マーケティングの一形態ととらえています。ここでは、自動販売機マーケティングの全体像について見てみましょう。

(1) 自動販売機の定義と普及過程
　特許庁の意匠分類によれば、「自動販売機および自動サービス機」は、「カード、貨幣等を介して、一般の人が利用する自動商品販売機及び省力化のための機器」と定義されています。

　1957年、日本に自動販売機マーケティングのさきがけとなる、1台の自動販売機が登場しました。ホシザキ電機が開発した「噴水型ジュース自動販売機」です。「オアシス」の愛称で呼ばれ、1961年をピークに爆発的なブームを起こしました。

　その後、コカ・コーラ・グループが1962年を起点に、フランチャイズ・システム方式、ルート・セールス方式を武器とし、短期間で日本での自動販売機チャネルを確立しました。コカ・コーラは、今日の清涼飲料ビジネスのモデル・ケースとなっています。

　高度経済成長、新100円・50円の登場（1967年）等の追い風を受け、自動販売機は急速に普及しました。飲料とたばこで、台数の76％・金額の66％を占めます。2007年のコンビニエンス・ストアの年間商品販売額が7兆3,631億円であるのに対して、自動販売機の年間売上金額は6兆9,337億円です。日本での自動販売機の市場がいかに大きく、人々の生活インフラの一部となっているかがわかります。

図 1-07　2007年末自販機普及台数および年間自販金額

機　種	中身商品例	普及台数 2007年末	前年比 (%)	年間自販金額（千円）2007年	前年比 (%)
飲料自販機	清涼飲料 牛乳 コーヒー・ココア（カップ式） 酒・ビール	2,260,000 175,800 154,000 49,000	99.6 97.7 99.9 90.7	2,420,218,000 165,754,000 150,633,000 85,750,000	104.5 97.7 99.9 90.7
飲料自販機小計		2,638,800	99.3	2,822,355,000	103.4
食品自販機	ガム・キャンディー他 ぱん・おつまみ他 麺・冷凍食品他 アイスクリーム・氷	9,900 5,500 35,500 40,000	54.1 94.8 101.4 100.5	1,682,000 2,783,000 55,360,000 17,601,000	54.1 98.3 101.4 100.5
食品自販機小計		90,900	91.9	77,426,000	99.2
たばこ自販機		519,600	91.9	1,698,910,000	92.2
券類自販機	乗車券 食券・入場券他	21,000 22,600	100 102.3	1,638,000,000 237,300,000	109.5 103.8
券類自販機小計		43,600	101.2	1,875,300,000	108.7
その他自販機	切手・はがき他 カミソリ・靴下他 新聞・雑誌 生理・産制用品 乾電池・玩具他	500 118,000 6,500 60,200 689,000	25 95.2 74.7 100 96.5	700,000 40,120,000 6,175,000 21,190,400 289,380,000	22 96.3 75.3 100.1 103.1
その他自販機小計		874,200	96.2	357,565,400	100.7
自動販売機合計		4,167,100	97.5	6,831,556,400	101.5
自動サービス機	両替機 ビデオソフト・パチンコ玉貸機 コインロッカー他	75,000 28,200 1,135,000	96.2 87.9 100.3	－ － 102,150,000	－ － 102.5
自動サービス機合計		1,238,200	99.7	102,150,000	102.5
合計		5,405,300	98	6,933,706,400	101.5

出典：日本自動販売機工業会ホームページ(http://www.jvma.or.jp/index.html)

(2) 自動販売機のマーケティング戦略

ここでは、「戦国時代」といわれるほど激しい競争環境にある飲料市場を中心に、自動販売機のマーケティング戦略のポイントを見ていきます。

①標的市場の設定

標的市場は、「インドア」と「アウトドア」に大別されます。インドアは、業界で「職域」と呼ばれる、夜勤交代制のある工場や物流ターミナルなど、長時間働いている従業員が多く活動している場所が有望なロケーションです。

アウトドアの具体的なロケーションとしては、観光スポットやイベント会場などがあげられます。競合のコンビニエンス・ストアが出店していない場所や、人々が仕事や生活をしている場所からコンビニエンス・ストアまでの間が、強みを発揮できるロケーションです。

②製品戦略

パー・マシン（1台当たり売上）の向上には、ロケーションの消費者ニーズに合った品ぞろえが必要です。競合との差別化を図るために、競合が展開していない製品を優先的に品ぞろえすることも有効です。

今後は、「あそこの自動販売機でしか買えない」製品の開発および品ぞろえの強化、モノ（製品）・コト（サービス）両方を提供する、消費者にとって利便性・付加価値の高い製品戦略が必要です。

③価格戦略

最近では、メーカー・ベンダー間の競争激化により、定価販売がほとんどだった以前よりも、販売価格にバリエーションが出てきました。

消費者は製品に加えて価格も、購入の際の選択基準とする傾向が強くなってきています。

電子マネー・携帯クレジット決済対応機の普及は、価格戦略をさらに

多様化させる可能性があります。今後、コスト・需要・競争をより考慮した価格戦略を、積極的に展開しなければなりません。

④製品伝達戦略

市場が成熟する中、設置機に対する投資対効果の検証が継続して行われています。今後も、スクラップ・アンド・ビルドは推進されるでしょう。合わせて、携帯電話ネットワークの活用や電子マネー・携帯クレジット決済対応機の普及による、補充作業・会計処理オペレーションの効率化、消費者に効率的に製品を届けるためのトータル・オペレーション・コストの低減が業界全体で推進されるものと予想されます。

⑤情報伝達戦略

消費者に新鮮な製品情報を提供するために、製品のカテゴリー化やPOPの設置、客動線、ゴールデン・ゾーンの考慮など、インストア・マーチャンダイジングの考え方に基づく、年4〜6回の定期的な棚割り変更が必要です。

今後、消費者から見た生活インフラとしての存在価値を向上させるため、①未成年者対策:たばこ・酒自動販売機の深夜の稼働停止、②社会貢献:ユニバーサル・デザイン機の普及、③環境対策:省エネ対応機・ノンフロン自販機の普及、④安全対策:食品衛生対策といった環境的・社会的要請への対応を、継続的に業界全体で推進することが必要です。

section 5　ダイレクト・マーケティングの概要

カタログ・マーケティング

　カタログ・マーケティングとは、冊子カタログやビデオ・カタログ、電子カタログを、選択した顧客に対して郵送したり、店頭に置いたり、オンラインで紹介するダイレクト・マーケティング形態のことです。ここでは、カタログ・マーケティングの全体像について見てみましょう。

(1) 通信販売とカタログ・マーケティング

　通常、通信販売はカタログ通販、すなわち、カタログ・マーケティングのことを指すことが多いのですが、通信販売はもう少し広い概念です。たとえば、テレビ・ショッピング（テレビ・マーケティング）も通販の一種ですし、Webを使った通販（Webマーケティング）も今や一般的になっています。

図 1-08　通信販売の体系

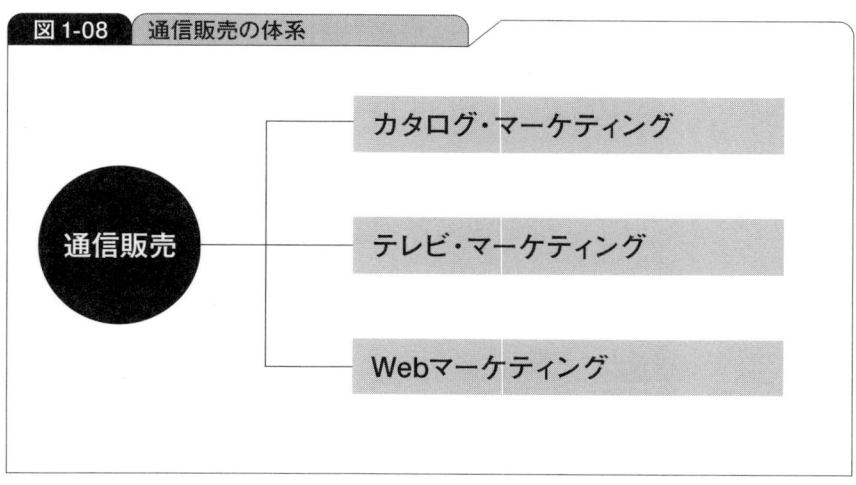

(2) カタログ・マーケティングのフロー

次に、カタログ・マーケティングの仕組みを、実際のビジネスの流れに沿って見てみましょう。カタログ・マーケティングは、一般に次の9段階のフローを経て実行されます。

①取扱製品の選択、製品仕入れ

はじめに、どのような製品を取り扱うのかを決定し、仕入れを行います。

②媒体制作

品ぞろえの方針が決まり、製品提供体制が整ったら、媒体を準備します。媒体の選定にあたっては、カタログをはじめ、テレビ、インターネット、雑誌、新聞など、媒体の特徴を理解したうえで、適切な媒体を選定します。

③注文受注

カタログを通じて、買い手に製品情報などのメッセージを伝達したら、次はレスポンスを獲得する手段を講じます。広告媒体に接した顧客から、問い合わせを始めて注文に至るまで、さまざまな反応が届くように仕掛けます。

④製品在庫管理

顧客からの注文に対して迅速に対応できるよう、製品在庫管理を徹底します。注文を受けてから仕入れて出荷を行う場合は、このタイミングで仕入れを行います。

⑤発送

発送は、企業の営業形態により、①自社から発送、②メーカー（生産者）から直接発送などのケースがあります。

⑥入金確認

入金方法は、振込、カード決済など多様です。いずれの場合も、顧客からの入金状況を確認し、未収扱いが残っていないかチェックを行いま

す。
⑦代金支払い

仕入先に対して、契約で取り決めた期日までに代金を支払います。

⑧顧客分析

購買顧客情報の集約、分析を行います。

次回ターゲット顧客へのアプローチ策として、仕入活動に有効に活用し、効果的な販売体制の構築につなげます。

⑨費用対効果の測定

販売活動の中で実施したプロモーションごとに費用対効果を検証します。そのうえで、顧客情報(顧客ニーズ)と適合させる形で今後のメディアの選択を行うことが必要です。

(3) フルフィルメントとは

フルフィルメントとは、一般的には「遂行」「達成」「完了」といった意味です。ダイレクト・マーケティングでは、「製品の受注から出荷、配送、決済、アフター・サービスに至るまでの一連の業務全体」という意味で用います。自社でフルフィルメントを行えれば問題ありませんが、膨大な経営資源(人材、設備、資金、ノウハウ)が必要な場合が多く、専門業者に委託する企業が増えています。

(4) 広告展開の重要性

カタログ・マーケティングでは、当然ながら顧客がカタログに接触しないと始まりません。

通販会社は、必ずしも実店舗を持っているわけではないため、まず利用者の認知度を上げ、信用を得るためには、広告展開が必要不可欠です。カタログに触れてもらうためには、広告により顧客認知度を上げ、カタログを請求してもらうことになります。

また、カタログを媒体とする通販企業にとって、カタログ費用は大きな課題ですが、カタログはいわば製品そのものでもあり、差別化を図る貴重な機会でもあります。顧客との重要な接点ですから、カタログのあり方は十分に検討しなければなりません。

　具体的には、制作にかかるコストとして、発行部数や製品掲載数、一製品当たりの掲載面積、デザインコストなどについて検討します。

(5) 口コミ効果

　カタログ・マーケティングでは、口コミも有意義な販売促進になります。口コミとは、標的顧客とその隣人・友人・知人・家族・仲間との間で行われる人的コミュニケーションであり、比較的親しい者同士のコミュニケーションであるため、他のコミュニケーション手法よりも信用しやすいという利点があります。

　実店舗を展開していないカタログ・マーケティングでは、口コミは有効なコミュニケーション手法ですが、パブリシティ（自社製品の雑誌記事やニュースなど）同様、恣意的にコントロールできないのが難点です。

(6) メディア・ミックス営業展開

　顧客は、気分や状況により、自己都合で媒体を横断的に利用し、来訪や購入を行います。決まったパターンは存在せず、状況しだいで変わることがポイントです。インターネット広告を見て、カタログを請求し、カタログを見て電話で注文する、といったケースもあれば、口コミでカタログの存在を知り、カタログを請求した後、インターネットで注文するといったケースもあり、これに絶対的なパターンは存在しません。

　企業は、媒体を複合させて顧客にアプローチし、メディア・ミックス戦略を採用することが重要です。

section 6　ダイレクト・マーケティングの概要
テレビ・マーケティング

　ここでは、ダイレクト・マーケティングの一形態であるダイレクト・レスポンス・テレビ・マーケティング（以下、テレビ・マーケティング）の全体像を確認します。テレビ・ショッピングは、今日では生活の中に浸透した販売形態です。しかし、テレビ・ショッピングにもさまざまなものがあり、大きく3つの形態に分かれています。

(1) テレビ・マーケティングの3つの形態
①ダイレクト・レスポンス広告
　60秒から120秒程度のテレビ広告を打ち、説得力のある製品説明を行い、受注用のフリーダイヤル番号を顧客に知らせます。広告とインフォメーションの中間の「インフォマーシャル（訴求方式の1つ）」として、30分間程度解説する広告プログラムが放映されることもあります。
　ジューサーなどの家庭用調理器具や掃除機などの家電製品などが製品としてよく扱われます。アメリカでは、シアーズ、P&G、J&J、アップルコンピュータなどが、日本では、ジャパネットたかた、住商HS（後ほど事例紹介します）などがあります。
②ホーム・ショッピング・チャネル
　テレビ・マーケティングの主流となっているが、ホーム・ショッピング・チャネルです。ホーム・ショッピング・チャネルとは、ダイレクト・レスポンス広告とは異なり、製品やサービスの販売用テレビ番組やチャネル全体を指します。QVC（24時間テレビ・ショッピングを放送する専門チャンネル）、HSN（ホーム・ショッピング・ネットワーク）といっ

た一部のホーム・ショッピング・チャネルは、1日中放映されています。

　番組の司会者は、宝石から照明、衣料、電動工具、家電製品まで、さまざまな製品をバーゲン価格で提供するのが通例です。番組は、司会者と消費者の代理人と見立てたタレントなどが相手役となって進行され、撮影会場での一般消費者の笑いとともに番組の雰囲気を盛り上げます。視聴者はフリーダイヤルで製品を注文します。

③双方向テレビ、もしくはインターネット付きテレビ・マーケティング

　双方向テレビ、もしくはインターネット付きテレビの手法が、ダイレクト・レスポンス広告やホーム・ショッピング・チャネルなどのダイレクト・レスポンス・テレビ・マーケティングの手法を超える進化を遂げる可能性が出てきました。

　双方向テレビは「放送と通信の融合」「多々チャンネル化」の流れの中で、東急ケーブルビジョンや近鉄ケーブルネットワーク（KCN）などの都市型CATV事業者が実際に番組供給していますし、インターネット付きテレビは「ユビキタス・コンピューティング社会（生活や社会の至るところにコンピュータが存在し、コンピュータ同士が自律的に連携して動作することにより、人間の生活を強力にバックアップする情報環境）」「地上波のデジタル化」の動きとともに、すでに家電メーカーが競合してきています。インタラクティブ型のテレビ・ショッピングが、将来のダイレクト・レスポンス・テレビ・マーケティングの主流となります。

　双方向テレビにスイッチを入れたときから、放送番組と視聴者は双方向的なコミュニケーションが成立する環境下に入っています。消費者は、番組終了後にフリーダイヤルで注文しないでも、番組を見ながら手元のテレビリモコンで注文をすることができるという即応性・利便性を享受できます。通販広告の形で提供するテレビ・ショッピングとは大きく異なる特徴です。

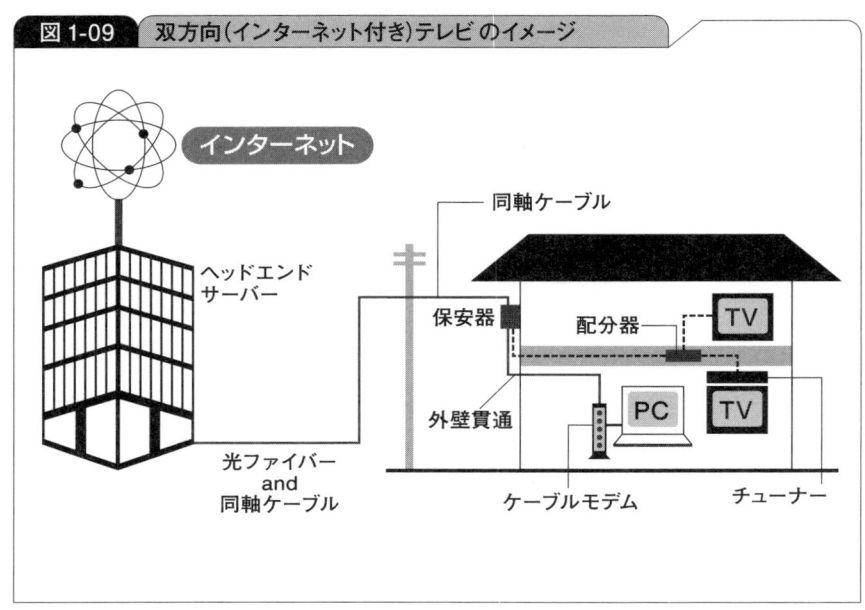

図1-09 双方向(インターネット付き)テレビのイメージ

　双方向テレビは、2006年の地上波のデジタル化への移行、2011年のアナログ放送の全廃を受けて、ブロードバンド時代の新たなダイレクト・レスポンス・テレビ・マーケティングの世界を切り拓くシステムです。

(2) テレビ・マーケティングの市場動向

　今日のように、24時間いつでもテレビをつければ製品紹介をしているといった「24時間ショッピング番組」は、10年前の日本では皆無でした。数年前までは、通販といえばメーカーの直販かカタログ通販が主流でした。

　現在、インターネットを利用したWebマーケティング（ネット通販やモバイル・ショッピングなど）が登場し、特に近年小売業が苦戦する中、通販業界は毎年売上を伸ばし、2006年度の上位201社の合計売上高は、前年度比8.7％増の3兆8,000億円に上ります。そのうち、国内テレビ通

図1-10　テレビ通販上位8社の売上高

	事業者名	2006年度	前年度比
1	ジュピターショップチャンネル	997億1,800万円◎	31.0％増
2	QVCジャパン	733億7,800万円◎	26.0％増
3	ジャパネットたかた	334億800万円	30.5％増
4	オークローンマーケティング	205億円※	33.1％増
5	ディノス	116億7,200万円◎	3.3％減
6	ガシー・レンカージャパン	110億円◎※	37.5％増
7	エバーライフ	100億円	12.3％減
8	総通	100億円※	－

※印は通販新聞推定／◎はネット通販の売上高を含む　出典：(株)通販新聞社

販市場の売上高は、2004年度2,400億円、2005年度2,700億円、2006年度3,800億円と増加傾向にあります。

　特に、テレビ通販上位8社の売上高は大きく伸びています。一方、急激な市場拡大に伴い、ネット通販をあまり利用しない50歳以上の専業主婦を中心に、テレビ・ショッピングについてのトラブル相談が急増しています。

section 7　ダイレクト・マーケティングの概要

その他のダイレクト・マーケティング

　電話、訪問販売、自動販売機、カタログ、テレビ以外のダイレクト・マーケティングとして、宅配ビジネスと連鎖販売取引について概要を見てみましょう。

(1) 宅配ビジネス
　少子高齢化や共働き世帯の増加など、国内の人口動態や消費者のライフスタイルの変化に対応したビジネスとして、宅配サービスが見直され、注目されています。特に「食」の業界に、一段と広がりを見せています。
①宅配ビジネスの現状
　現在、食材セット販売・スーパーマーケット・コンビニエンス・ストア・生活協同組合・外食チェーンなど、宅配ビジネスに参入する業種は多岐にわたっています。なかでも食事の宅配サービスは、「中食」需要の増加に伴い、飲食業界で今後成長が期待されている分野です。
　多くの宅配サービス店からの選択が可能であり、また即時注文できるデリバリー総合サイトが出現しています。「出前館」には、全国8,500店以上が加盟しており、またデリバリー時間がオーダー画面に表示され、顧客はオーダーから何分で届くのかが一目でわかります。
　「内食」では、オイシックスが「有機野菜などの安心食品」の宅配に専門特化して、順調に利用者数を伸ばしています。オイシックスでは、全国の農家が育てた野菜や果物から、専門家や主婦などからなる独自の「食質監査委員会」の審査をクリアしたものだけを顧客に届けています。牛乳宅配店や酒販店とタイアップして、牛乳やお酒と一緒に食材を届け

るルートも保有しています。

②宅配ビジネス参入の理由

　宅配ビジネスに参入する理由として、顧客ニーズがダイレクトに把握できるというメリットがあります。これまでの店舗での「待ち」の商売から、顧客の購買履歴から顧客ニーズを分析し、メール・DM・ポスティングなどによってプロモーション活動を行う「攻め」の商売が可能となったからです。RFM分析（顧客の重要度を分析する手法）による優良顧客の囲い込みや、需要予測の精緻化による食材在庫の削減なども現実のものとなっています。

　かつては「御用聞き」と呼ばれ、顧客の支持を得ていた宅配ビジネスは、現代の顧客ニーズに合わせて新たなサービスを順次追加し、顧客にとって付加価値の高いサービスへと変化し続けています。

図1-11　「出前館」ポータルサイト

「出前館」ポータルサイト(http://demae-can.com/)

(2) 連鎖販売取引

　アムウェイに代表される販売形態です。アムウェイが開発した日用品・化粧品・栄養補給食品を、アムウェイと契約した独立事業主の「ディストリビューター」によって、身近な人に紹介してお届けする「ダイレクト・セリング」という独特の販売方式が販路を拡大しています。

　フェイス・トゥ・フェイスで、一人ひとりのライフスタイルやニーズを考慮しながら、十分な時間をかけて人から人へ製品を伝えていく同社の販売システムは、基本的に個人間の信頼の上に成り立っています。独自の倫理綱領・行動規準を規定し、トレーニング・プログラムなどを通じて、個々のディストリビューターに指導しています。

　ディストリビューターから安心して製品を購入してもらえるよう、充実した返品制度（100％現金返済保証制度）、消費者相談・クレーム対応システムの強化（受け付け12時間以内に対応するアムウェイ相談ホットライン設置）といったサービスを提供し、顧客満足度の向上に努めています。

　アムウェイが取り扱う高機能製品・説明型製品では、信頼関係にある個人からの「口コミ」が有効に機能します。近年、インターネットを活用した口コミマーケティングが注目されています。アムウェイの独自のビジネスモデルは、口コミマーケティングのさきがけ的存在です。

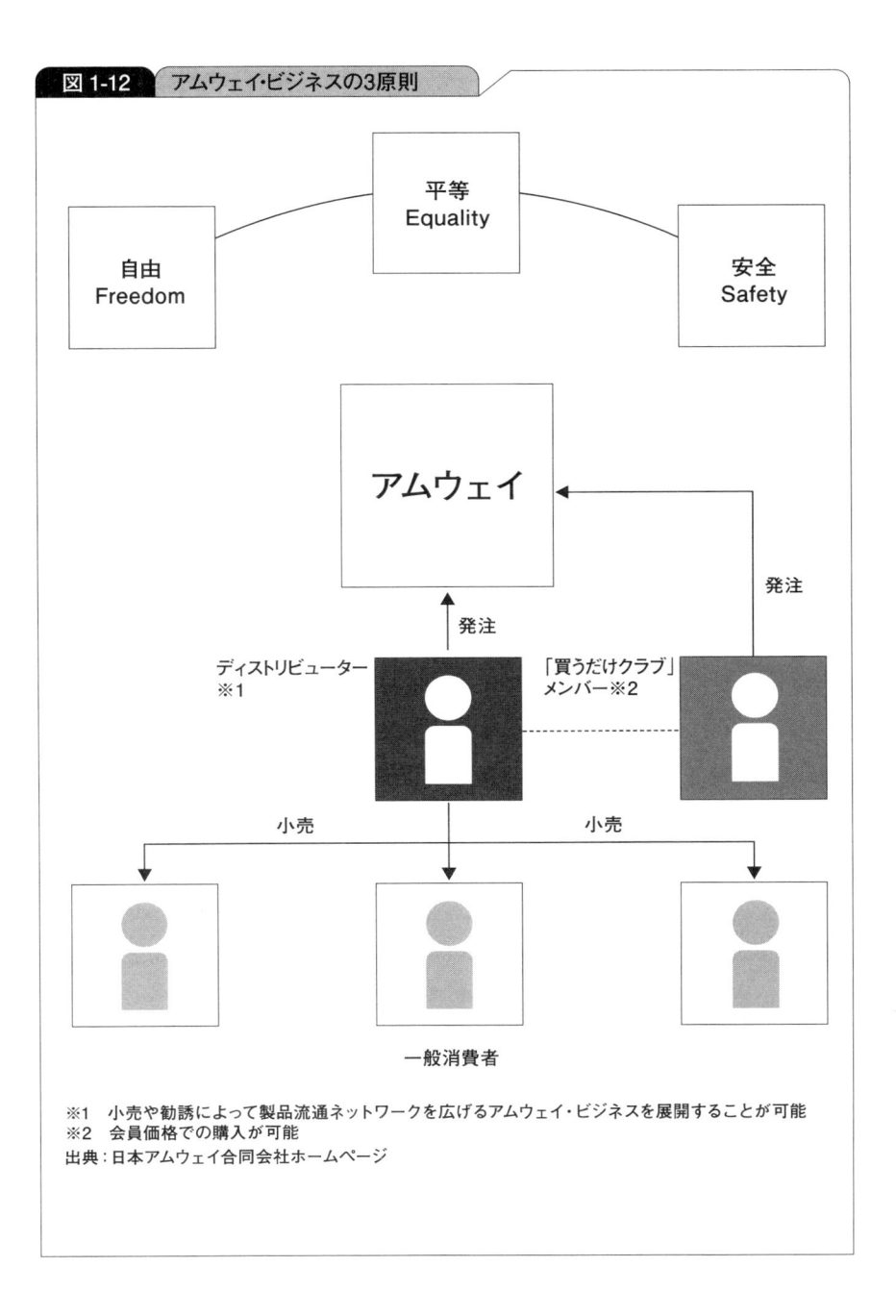

図 1-12　アムウェイ・ビジネスの3原則

- 自由 Freedom
- 平等 Equality
- 安全 Safety

アムウェイ

ディストリビューター ※1 — 発注 → アムウェイ
「買うだけクラブ」メンバー ※2 — 発注 → アムウェイ

小売 → 一般消費者

※1　小売や勧誘によって製品流通ネットワークを広げるアムウェイ・ビジネスを展開することが可能
※2　会員価格での購入が可能
出典：日本アムウェイ合同会社ホームページ

section 1　ダイレクト・マーケティングの標的市場の設定
section 2　ダイレクト・マーケティングのマーケティング・ミックス
section 3　ダイレクト・マーケティングのプロモーション
section 4　ダイレクト・マーケティングのプロモーション・ミックス
section 5　ダイレクト・マーケティングとWebマーケティング

PART 2

ダイレクト・マーケティングのマーケティング戦略

ダイレクト・マーケティングを
展開する場合、
マーケティング戦略は
どのように構築すべきか？

section 1　ダイレクト・マーケティングのマーケティング戦略

ダイレクト・マーケティングの標的市場の設定

　本章では、ダイレクト・マーケティングのマーケティング戦略全般について、標的市場の設定、マーケティング・ミックス、プロモーション、プロモーション・ミックス、ダイレクト・マーケティングとWebマーケティングというテーマに分けて俯瞰します。

　ダイレクト・マーケティングは学術的に確立されているわけではなく、進展途上にあります。ここでは、伝統的マーケティングの諸理論から、ダイレクト・マーケティングの対応論点へのアプローチを行います。

(1) 標的市場の設定

　伝統的マーケティング理論では、標的市場の設定は次の3つのステップを経て行います。この3つのステップを、STP（segmentation、targeting、positioningの頭文字をとって）パラダイムと呼びます。

①市場細分化（セグメンテーション;market segmentation）

　市場を、異なったニーズ・特徴・行動様式に基づいた明確なグループに区分けすることです。市場セグメント（market segment）とは、一定のマーケティング活動に対して、同様の反応を示す消費者のグループを指します。「女性を年齢別にセグメントをする」「日本は東西で味に対する感覚が大別される」など、さまざまなセグメンテーションが考えられます。

②市場ターゲティング（market targeting）

　各市場セグメントの魅力を評価し、参入すべき1つまたは複数のセグメントを選択するプロセスです。本来なら、すべての市場セグメントを

攻略したいところですが、企業の経営資源（人材、資金、設備等）には限りがあるため、どこを攻めるか、選択しなければならないのです。

③**市場ポジショニング**（market positioning）

　標的とする消費者の心の中に、競合する製品と比較して、明確で、独自の、望ましい位置を自社の製品に確保することです。「わが社の製品は、他の製品とは異なるポジションをキープする」といった言い方をしている場合、市場ポジショニングが行われているのです。

　ダイレクト・マーケティングでは、顧客データベースを中心にSTPのステップに取り組むことになります。伝統的マーケティングの標的市場の設定は、ダイレクト・マーケティングでは、顧客データベースの構築（創造）に当たります。

　ダイレクト・マーケティングでの市場開拓は、マス・マーケティング論における新商圏への進出とか新店舗の開設といった、物理的な新市場形成とは異なります。具体的には、自社製品の購入客・見込客を獲得し、関係性構築・継続のために記録し、自社で管理可能な固有の市場にすることにあります。ダイレクト・マーケティングは、データベースを形成し、データベースに基づいて展開されるマーケティング活動です。

(2) 標的市場とコミュニケーション・メディア

　ターゲットのデータベースが形成された以降の活動を、ターゲティングと呼びます。ターゲティングには、限定的ですが顕在化・特定化されたターゲットに直接接触して個別のメッセージを伝え、対話と取引を継続するためのワン・トゥ・ワン・メディアが使用されます。

　マス・マーケティングでは通常、「コミュニケーション」といえば広告を意味し、「メディア」といえばテレビやラジオ、新聞など、一方的に発信するマスメディアを指します。しかし、ダイレクト・マーケティングでのメディアは単一方向ではなく、原則として双方向のコミュニ

ケーション・メディアを指します。たとえば、電話（電話マーケティング）、セールスパーソン（訪問販売）、双方向テレビ（テレビ・マーケティング）です。

　ワン・トゥ・ワン・メディアには、ダイレクト・マーケティングでの活用上、次のような共通のポイントがあります。
① 個別ターゲットのプロファイルを念頭に、メッセージの受発信を行います。
② 単方向の告知ではなく、双方向の対話となるように、レスポンスやインタラクションが発生するように仕向けます。
③ 長期的な関係構築のための、フォローとリピートのコミュニケーションに努めます。
④ ターゲットのプライバシーを尊重します。

(3) ダイレクト・マーケティングでのターゲット・データベースの構築

　標的市場設定（見込客・購入客の顧客化）のためのワン・トゥ・ワン・メディアには、さまざまなものがあります。代表例は、前述したとおり、電話（電話マーケティング）、セールスパーソン（訪問販売）、双方向テレビ（テレビ・マーケティング）です。ダイレクト・マーケティングでは、ワン・トゥ・ワン・メディアにより、顧客情報の収集（アクイジション）、顧客情報の維持（リテンション）、顧客情報の戦略的獲得（プロモーション）を循環させながら、ターゲット・データベースを構築していきます。

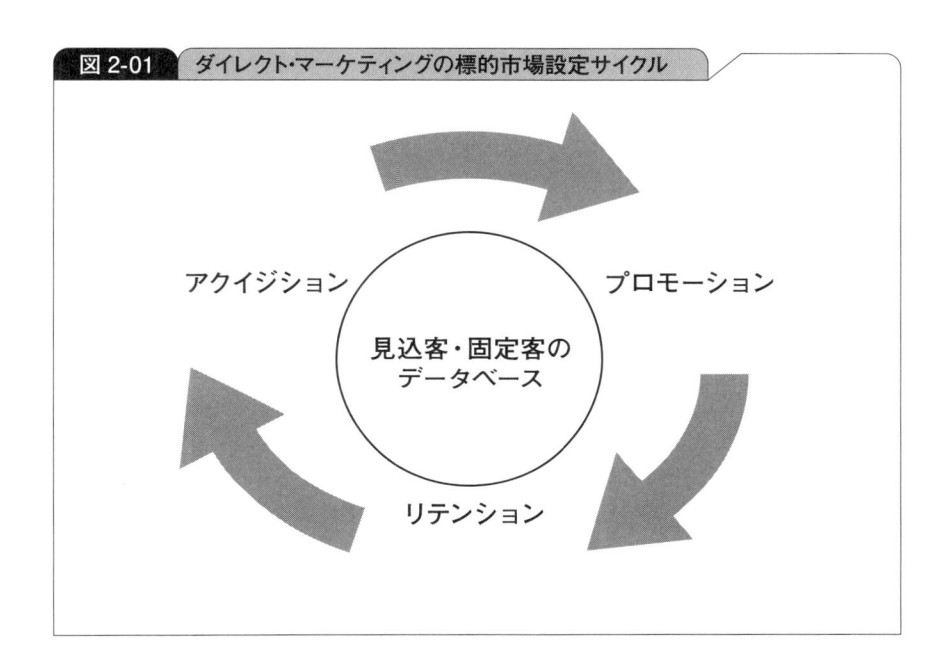

図 2-01　ダイレクト・マーケティングの標的市場設定サイクル

アクイジション

見込客・固定客の
データベース

プロモーション

リテンション

section 2　ダイレクト・マーケティングのマーケティング戦略

ダイレクト・マーケティングのマーケティング・ミックス

　マーケティング・ミックス（marketing mix）の開発は、マーケティング戦略の中心部分であり、設定した標的顧客に合わせてマーケティング戦略の各要素を組み合わせる段階です。

　伝統的には、4Pがフレームワークとして用いられています。マス・マーケティングが、製品から始めるプロダクト・アウト的なものであるのに対して、ダイレクト・マーケティングは、「市場」「顧客」から発想するマーケット・インを起点としています。

　ここでは、いわゆる4Pフレームについて述べた後に、ダイレクト・マーケティングの重要構成要素について解説し、マス・マーケティングとダイレクト・マーケティングの違いを理解します。

(1) 伝統的マーケティング・ミックス（4P）

　伝統的マーケティングの4Pとは、製品（Product）・価格（Price）・流通（Place）・販売促進（Promotion）の4つの変数（4P）からなります。

①製品（Product）

　企業が、標的市場に提供する製品とサービスの組み合わせのことです。企業が「何を」作るか（提供するか）という意思決定です。

②価格（Price）

　その製品を獲得するために、顧客が支払わなくてはならない金銭の額のことです。企業が作った製品を、「いくらで」売るかという意思決定です。

③流通(チャネル)(Place/Channel)

標的顧客が製品を入手できるようにするために、企業が行う活動のことです。企業が提供する製品を、「どこで」提供するかという物的流通に関する意思決定です。

④プロモーション(Promotion)

製品の長所を伝え、標的顧客が購入する気持ちになるように説得する活動のことです。企業が作った製品を、「どうやって」売るかという意思決定です。

4Pは、標的市場で望ましい反応を得るために、企業が組み合わせるコントロール可能で戦術的なマーケティング・ツールの集合です。ダイレクト・マーケティングに限らず、すべてのマーケティングで重要です。

このうち、①②を総括して価値創造戦略といいます。魅力的な製品を作って価格を下げれば、その差し引きとして創造される価値は大きくなるという公式に従うものです。③④を総括して価値伝達戦略と呼びます。製品に関する情報の流通と物的流通の総称という意味です。

(2) ダイレクト・マーケティングの重要構成要素

4Pに対応した、ダイレクト・マーケティングでのマーケティング・ミックスの重要構成要素について考えてみましょう。

①製品(商品)

ダイレクト・マーケティングでは、製品は開発担当者や技術者の感性や直感によって偶然できるものではなく、データベースに裏打ちされた市場や顧客の要望といった具体的な情報の裏付けに基づいて開発されます。

ダイレクト・マーケティングでは、本格的な市場投入に近い状態でのテスト・マーケティングが可能なため、製品のチェックにはテスト・マーケティングを積極的に活用すべきです。

市場・顧客の声を重視するダイレクト・マーケティングでは、製品開発はマーケット・イン（市場志向）で行われるのが大前提であり、プロダクト・アウト（製品志向）で製品が市場導入されるリスクはほとんどありません。

　ダイレクト・マーケティングは、企業と顧客との直接的なやりとり（物的流通や情報流通）が前提ですので、製造業でよく用いられる製品という用語ではなく、流通業でよく用いられる商品という用語を用いる場合もあります。

②オファー

　オファーは、伝統的なマーケティングにおける価格に対応するものです。しかし、ダイレクト・マーケティングでの価格戦略ということに留まらず、価格を含む販売戦略全体の策定まで含めて考えることがあります。販売のタイミングやサービス体制などについて、提供条件（オファーの基本的要素）や刺激・促進・誘引などのプロモーションのテクニック的な領域までを含む場合があります。

③コミュニケーション

　伝統的なマーケティングでのプロモーションが、ダイレクト・マーケティングではコミュニケーションに相当します。

　マス・マーケティングのプロモーションを理解するには、販売キャンペーンで売上を獲得するための一過性の活動をイメージします。ダイレクト・マーケティングでは、メッセージを発信したら、それに対するレスポンスを求めます。レスポンスがあったら、それに基づいてまたやりとり（インタラクション）を繰り返すという、双方向性と継続性を伴います。

　コミュニケーションには、販売促進目的のみではなく、サポートサービスやクレームなど（フルフィルメントの要素）も含まれます。ダイレクト・マーケティングでのコミュニケーションは、かなり広い意味を持っ

ています。

④フルフィルメント

　伝統的なマーケティングでの流通が、ダイレクト・マーケティングではフルフィルメントに相当します。フルフィルメントとは、「希望・要望を実現する」という意味合いがあり、レスポンスを受けた後の、顧客を満足させるすべての対応、手配、処置、サービスなどを含むプロセスです。

　ダイレクト・マーケティングでは、フルフィルメントに関する業務が、顧客情報に基づいて形成されたデータベースを核として、販売段階のコミュニケーションと直接結び付いた形で行われます。

　ダイレクト・マーケティングと伝統的マーケティングのマーケティング・ミックスとを比較し、模式化したものが図2-02です。

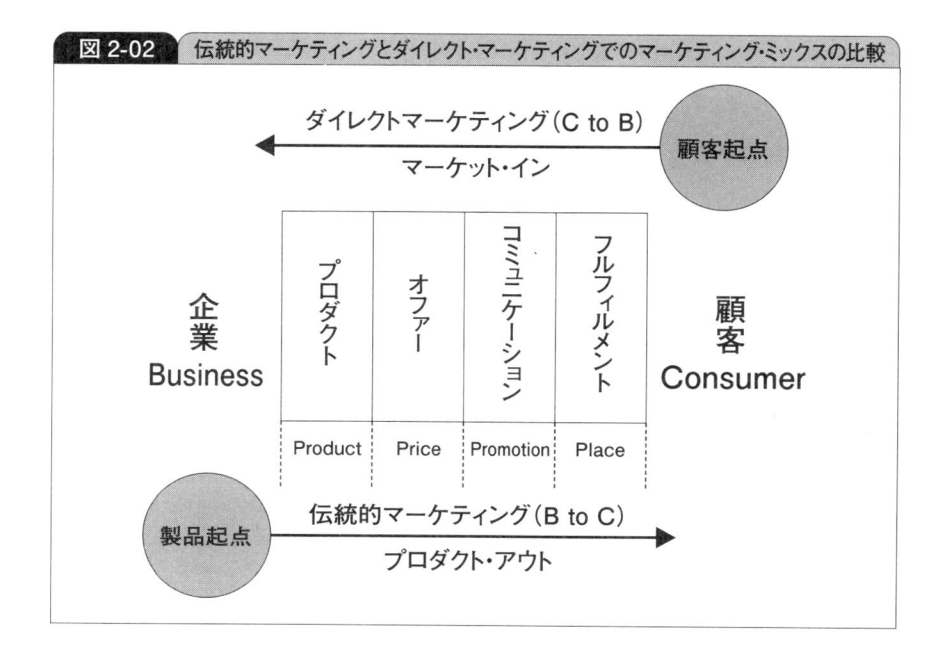

図 2-02　伝統的マーケティングとダイレクト・マーケティングでのマーケティング・ミックスの比較

ダイレクトマーケティング（C to B）
マーケット・イン
顧客起点

企業 Business ― プロダクト｜オファー｜コミュニケーション｜フルフィルメント ― 顧客 Consumer

Product｜Price｜Promotion｜Place

製品起点
伝統的マーケティング（B to C）
プロダクト・アウト

section 3　ダイレクト・マーケティングのマーケティング戦略

ダイレクト・マーケティングのプロモーション

　前述したとおり、マス・マーケティングのプロモーション戦略が、ダイレクト・マーケティングではコミュニケーション戦略になります。

　企業は自社の製品やサービスを知ってもらい、購入してもらうために、広告やPR、販売促進などの方法によって情報提供し、使用方法の提案をします。これが、伝統的マーケティングでの4Pの1つであるプロモーションです。

　プロモーションには、テレビ、新聞、ラジオ、雑誌、交通広告、Webといった広告だけでなく、イベント、ダイレクト・メール、会員カード、メールマガジンなど、すべてのコミュニケーション活動が含まれます。

　ここでは、マス・マーケティングでのプロモーションの補完手段としてのダイレクト・マーケティングの役割について触れます。次に、ダイレクト・マーケティングの戦略的顧客獲得としてのプロモーションの位置付け、コミュニケーション・メディア、訴求戦略に該当するクリエイティブ戦略などについて述べます。

(1) マス・マーケティング戦略の支援・補完としてのダイレクト・マーケティングを用いたプロモーション

　マス・マーケティングの支援システムとしてのダイレクト・マーケティングは、対象不特定のままの市場で一過性の来店意欲を刺激するだけではなく、長期的・継続的な来店・購入意欲を促進し、関係強化を図ろうとする方向に働きかけます。

　この活動は、伝統的マーケティングの立場からは、「リレーションシッ

プ（関係性）マーケティング」と呼ばれています。その後、反応・接触があった一人ひとりを放置せず、データベース化して、その後も継続的・反復的に情報の受発信を繰り返すようになると、ダイレクト・マーケティングの領域になってきます。

(2) アクイジション、リテンション、プロモーション

　何らかのマーケティング活動に付随した結果ではなく、明確にターゲットデータの獲得を目的としたダイレクト・マーケティングのプロモーションをアクイジション（戦略的アクイジション）と呼びます。ターゲットデータを取り込むための戦略は、「サンプル・試供品提供」「懸賞・プレゼント」「アンケート調査」「紹介」などの形で行われます。

　しかし、1人の新規顧客を獲得するためのコストが、1人の既存客を失わないようにするためのコストを上回るようになった今日では、顧客を維持することも、マーケティング目標の重要な位置付けとなってきました。それには、一度購入関係を持った顧客を継続・反復購入に導き、期限のある会員の退会や解約を防ぎ、休眠顧客の目を覚まさせ再び購買を促すといった活動を伴います。

　顧客維持を達成するためには、顧客に関する情報をデータベース化していなければなりません。ダイレクト・マーケティングでは、顧客維持のことをリテンションと呼んでいます。

　顧客データベースから的確に情報を分析し、適切なタイミングでロイヤルティプログラムを実行することが、実際の販売促進（プロモーション）になります。

(3) コミュニケーション・メディア

　プロモーション戦略を成功させるには、メディアの特徴を知っておくことが大切です。

新聞や雑誌はビジュアル、ラジオはサウンドしか伝達できないのに対して、テレビはビジュアルとサウンドの両面からイメージを訴求できます。その意味で、数あるメディアの中では最も影響力が大きく、コストの高いメディアです。

　マスメディア以外のメディアでは、インターネットのように、関心を持った人のほうから接触してくるという特徴のあるメディアがあります。インターネットは、ターゲット特性が偏るという特性もありますが、今日では市民権を得ており、長期的には偏りがなくなっていくため、ダイレクト・マーケティングのマーケティング戦略と親和性のあるインタラクティブ・メディアとして注目されています。

(4) クリエイティブ戦略

　クリエイティブ戦略とは、マーケティング・コミュニケーションでの訴求・表現活動のことです。

　クリエイティブは創造的であることが必要で、マーケティングはクリエイティブなしには成り立ちません。メディアという伝達手段があってもクリエイティブという要素がなければ、マーケティング目標を達成するためのコミュニケーション活動になりません。

　ダイレクト・マーケティングでは、良好な顧客との関係性を構築するための表現や訴求方法などが重視されますが、それがまさにクリエイティブ戦略にかかっています。

　消費者購買心理のプロセスに、AIDMAの法則があります。①Aはattentionの頭文字で、注意段階を②Iはinterestの頭文字で興味段階を、③Dはdesireの頭文字で欲求段階を、④Mはmemoryの頭文字で記憶段階を、⑤最後のAはactionの頭文字で購買行動を示します。顧客が製品を購入する心理過程は、このような5段階を経るという考え方です。企業のマーケティング担当者は、5段階各々に向けた戦略・戦術を立案・

実行すべきです。

ダイレクト・マーケティングでは、インタラクションがあるため、「M」（記憶）はさほど重要ではなく、MがとれてAIDAとなり顧客満足の「S」（satisfactionの頭文字で顧客満足の意味です）が加わってAIDASの法則へと変化しています。

ダイレクト・マーケティングのプロモーションは、AIDASに基づき、メディア戦略とクリエイティブ戦略からなるコミュニケーション戦略を中心に、刺激・誘引などの販売促進としてのオファー戦略や、販売段階でのインタラクションであるフルフィルメント戦略を含めて考えなければなりません。

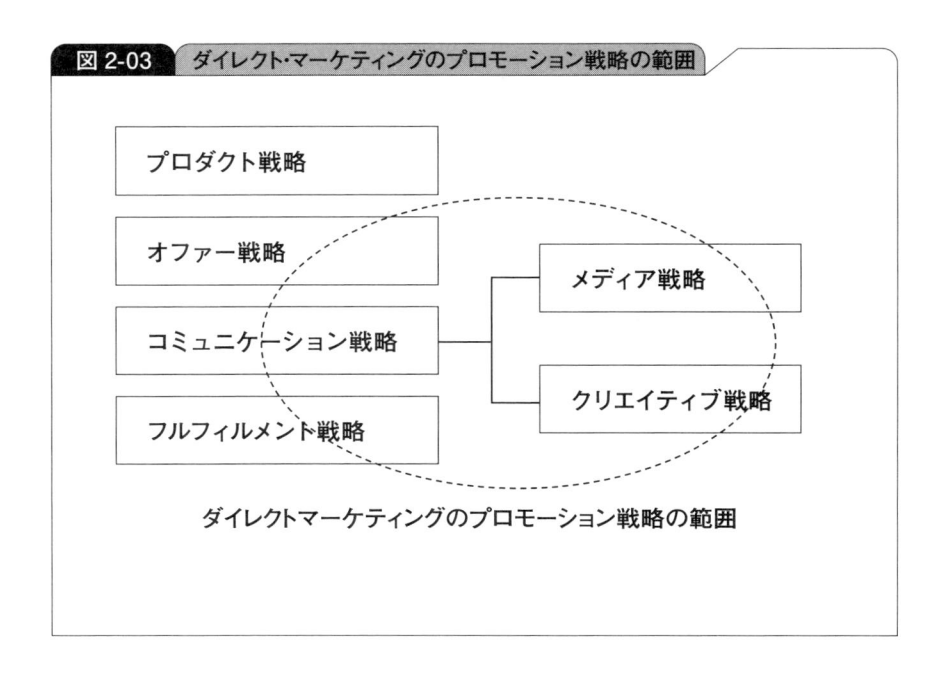

図 2-03　ダイレクト・マーケティングのプロモーション戦略の範囲

- プロダクト戦略
- オファー戦略
- コミュニケーション戦略
  - メディア戦略
  - クリエイティブ戦略
- フルフィルメント戦略

ダイレクトマーケティングのプロモーション戦略の範囲

section 4　ダイレクト・マーケティングのマーケティング戦略

ダイレクト・マーケティングのプロモーション・ミックス

　ここでは、ダイレクト・マーケティングのプロモーション戦略の構成要素のプロモーション・ミックスについて議論を進めます。はじめに、伝統的マーケティングでのプロモーション・ミックスについて触れ、コミュニケーション・ミックスの要素としてのメディア・ミックスについて述べます。

　次に、ダイレクト・マーケティングでのさまざまな販売促進オファーの例をあげ、最終的に統合型マーケティング・コミュニケーションが顧客満足につながることを確認します。

(1) プロモーション・ミックス（コミュニケーション・ミックス）

　プロモーション・ミックス（コミュニケーション・ミックス）とは、企業が広告目標やマーケティング目標を追求するために、使用する広告、人的販売、セールス・プロモーション、広報活動等の手段を、その企業独自の形に組み合わせることとされています。プロモーション・ミックスの構成要素には、次の4つがあります。

①広告（advertising）

　広告とは、製品（アイディア・有形財・サービス）について、特定のスポンサーによって、費用負担がなされる、あらゆる形態の非人的なコミュニケーションです。

②人的販売（personal selling）

　人的販売とは製品を販売し、顧客とのリレーションシップを築くことを目的として、企業の営業部隊が顧客と直に行うプレゼンテーションで

す。
③販売促進（sales promotion）
　販売促進とは、製品あるいはサービスの購入や販売を促進するための動機付けです。広告、人的販売、広報活動（PR）以外の活動はおおむね、販売促進として分類します。
④広報活動（PR）（public relation）
　広告活動（PR）とは、企業を取り巻くさまざまな利害関係者集団との間に良好なリレーションシップを構築するために、パブリシティを使って、望ましい企業イメージを創出し、好ましくない噂・記事・出来事を処理・回避する活動です。

　プロモーション・ミックスの規定要因は、費用対効果を最大にする手段の組み合わせです。具体的には、製品・サービスのタイプや特性、顧客ターゲット層、購入スタイルの違い、企業イメージや当該製品のポジショニング、総予算、競争相手のプロモーション戦略によって規定されます。
　ダイレクト・マーケティングでは、メディア戦略とクリエイティブ戦略のミックス戦略が、伝統的マーケティングでの広告戦略に該当します。オファー戦略、フルフィルメント戦略も、販売促進や顧客満足に符合するため、ダイレクト・マーケティングのプロモーション・ミックスの構成要素として扱います。

(2) メディア・ミックス
　メディア戦略でのメディアの組み合わせのことを「メディア・ミックス」といいます。テレビ、ラジオ、新聞、雑誌の4大マスメディアから、インターネット、ダイレクト・メール、SPメディアなどを組み合わせて、製品やサービスの理解度アップを目指すのか、ブランドの知名度アップ

を目指すのか、といったマーケティング目標によって、その組み合わせやバランスを変えていくのがメディア・ミックス戦略です。

　ダイレクト・マーケティングでは、季節の挨拶や誕生日のお祝い電子メールに、美しい情景の写真を添付ファイルとして送信し、電子メール本文にWebサイトのアドレス（URL）などを付記してWebサイトに訪問しやすくするなど、メディア・ミックスが日常的に行われています。

(3) クリエイティブ

　前述したように、メディアという伝達手段があっても、クリエイティブという要素がなければ、マーケティング目標を達成するためのコミュニケーション活動になりません。モノの豊かさからココロの豊かさの時代では、感性のあるクリエイティブが消費者に選択される重要な要素です。ダイレクト・マーケティングでは、よき顧客関係性を構築するための表現や訴求方法が重視されています。

(4) 販売促進オファー

　伝統的マーケティングでの価格戦略に該当するのが、オファー戦略です。しかしここでは、さまざまなメディアやチャネルを通して何らかの製品の広告・販売を行う際に、売り手から買い手に対して提示する販売促進のための条件という「狭義の販売促進オファー」について述べます。ダイレクト・マーケティングでは、ダイレクトオーダーの販売形態をとったときに、レスポンスを増加させる目的で、販売促進オファーを仕掛けることがあります。

　販売促進に結び付く狭義のオファーには、次の3点があります。
①製品の提供条件としての「価格割引」、一時払いや分割払いの選択肢提供としての「クレジットオプション」、期間限定や早期決定価格などの「機会限定」

②刺激誘引としての「懸賞」、まとめ買いなどを促進誘引する「プレミアム」、「ポイントプログラム」
③セールス・プロモーション・キャンペーンとしての「記念品プレゼント」、販売とは直接結び付かない「クイズ・イベント」

　伝統的マス・マーケティング同様、ダイレクト・マーケティングでもさまざまな展開例があります。

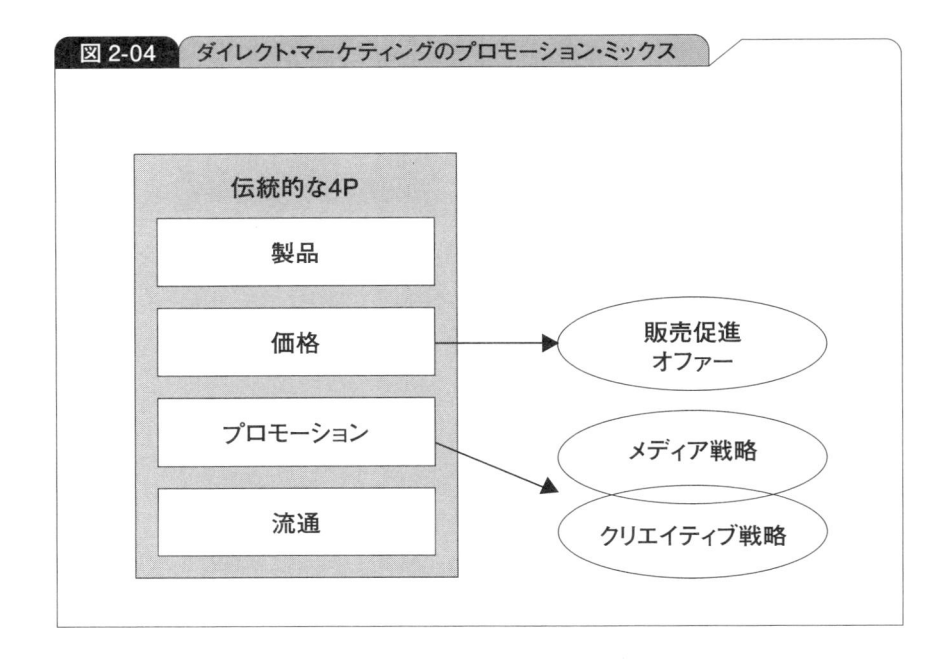

図 2-04　ダイレクト・マーケティングのプロモーション・ミックス

伝統的な4P
- 製品
- 価格 → 販売促進オファー
- プロモーション → メディア戦略／クリエイティブ戦略
- 流通

section 5　ダイレクト・マーケティングのマーケティング戦略

ダイレクト・マーケティングとWebマーケティング

　従来、消費者と販売者を電子的に結ぶ双方向のオンライン・コンピュータ・システムで管理されるマーケティングを、オンライン・マーケティングと呼んでいました。今日では使い勝手のよいWWW（World Wide Web）とWeb閲覧ソフトが開発されたことにより、インターネットを中心に双方向のマーケティングが急速に進展しています。ここでは、Webマーケティングを中心にダイレクト・マーケティングの動向について見てみましょう。

(1) ホームページの特徴

　インターネットのホームページ（以下HP）の特徴は、情報発信と情報収集が直接できる双方向のメディアであることです。マーケティングでは、HPは情報発信と情報収集の2つの役割を発揮します。

　第一に、情報発信面でこれまでのマスメディアを補完する役割です。テレビ、新聞、雑誌などの広告に、「詳しくはHPで」いう表現がよく使用されているように、限られたマスディアの紙面・時間をHPが補完するケースです。HPでは、詳細な製品情報や在庫状況などを見ることができます。

　第二に、情報収集面で直接顧客情報を入手し、アンケートやノベルティなどのプロモーションを仕掛ける役割です。このようにインターネットのHPは、図表2-05に示すようなインターネット人口の拡大とともに、双方向性のあるメディアとして、マーケティング分野で急速に成長しています。

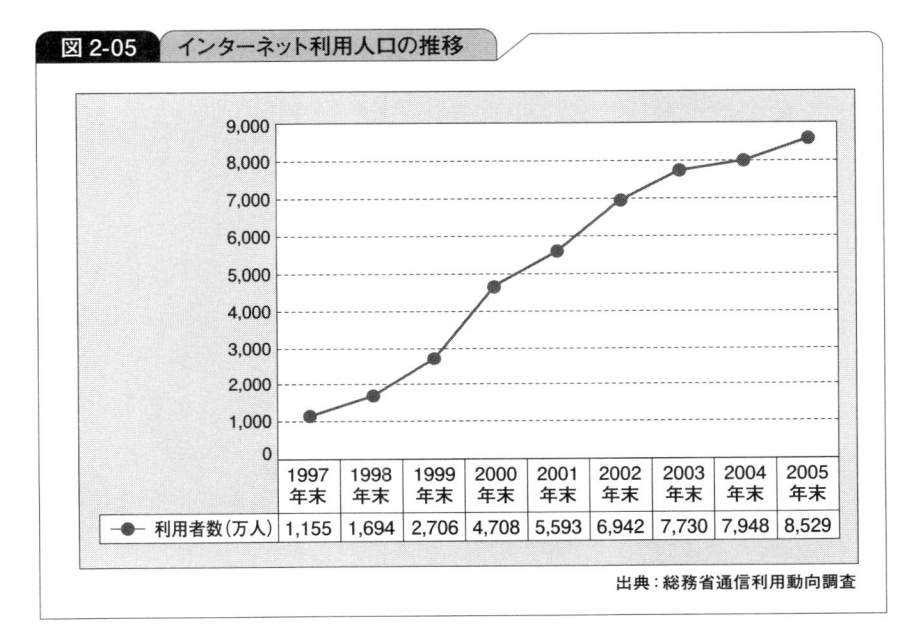

図 2-05　インターネット利用人口の推移

	1997年末	1998年末	1999年末	2000年末	2001年末	2002年末	2003年末	2004年末	2005年末
利用者数(万人)	1,155	1,694	2,706	4,708	5,593	6,942	7,730	7,948	8,529

出典：総務省通信利用動向調査

(2) Eメールの特徴

　Eメールには、瞬時に同時同報発信ができるマルチターゲット発信機能、受信メッセージに書き加えるだけの返信機能、見本や音声、動画などを添付できる説明機能、受信者が簡単に他人に紹介できる転送機能、Webサイトへジャンプできるリンク機能など、ダイレクト・マーケティングメールにも電話マーケティングにもない独自機能があります。

　早く、安く、簡単なインターネットをチャネルとするEメールの機能を利用したダイレクト・マーケティングへの活用が盛んに行われています。これらの機能を使った「eコマース」と呼ばれる販売形態や、「メールマガジン」という顧客関係性構築手段についても知られています。

(3) 電子商取引（eコマース）

インターネット上で行う商取引を総称したものです。企業対企業、企業対消費者の取引に分類され、BtoB取引、BtoC取引と称されます。BtoC取引の例として、「楽天市場」などのインターネットショッピングサイトがあります。電子商取引が行われる市場のことを、eマーケットプレイスと呼んでいます。

eマーケットプレイスでは、商店街のようなバーチャルショッピングモールなどがあります。小売業者は、バーチャルショッピングモールに出店しており、消費者はバーチャルショッピングモールに出店している小売業者と電子商取引を行います。その場合、バーチャルショッピングモール運営事業者が、小売業者と消費者の間に立って商取引が行われるのが一般的です。

図2-06で、BtoC EC（消費者向け電子商取引）市場規模の推移の日米

図2-06　BtoC EC(消費者向け電子商取引)の市場規模の推移

	2005年	2006年	2007年
日本	3.5兆円	4.4兆円	5.3兆円 (21.7％増)
アメリカ	15.9兆円	19.3兆円	22.7兆円 (17.6％増)

出典：経済産業省　平成19年度我が国のIT利活用に関する調査研究

比較について示します。2007年の日本の消費者向けEC市場規模は5.3兆円、と前年比21.7％増と著しく伸びています。

　Web上には、オークションサイトもあります。オークションサイトは、先に述べたBtoB取引、BtoC取引でない、新たな取引形態である消費者対消費者取引（CtoC取引）が前提となっています。小売業者などが、在庫セールなどの直接流通チャネルとして活用しているケース、新たに小売業に参入するテスト・マーケティングの場として利用するケースも見られます。

(4) Web上のダイレクト・マーケティング事例

　Web上で活用したダイレクト・マーケティング事例として、デル・コンピュータ（以下、デル）の例を取り上げます。

　デルは創業時、メールオーダーでコンピュータのダイレクト・マーケティングを行っていました。その後、ダイレクト・マーケティングのビジネスモデルをWeb上で遺憾なく発揮し、現在のデルはダイレクト・マーケティングのパイオニアといわれるまでに成長しました。

　ウェブサイトで、1日に3,000万ドル相当以上のコンピュータを売り上げ、同社の売上の40％以上を占める規模になっています。デルのビジネスモデルは、注文に応じた製造（Web上で、顧客に応じたコンピュータを注文できるカスタマイズ性）し、低価格、迅速な配送、十分な顧客サービスが成功要因となっています。

　デルでは、受注してから製品を製造するため在庫を持つことはなく、直接販売のためディーラーに手数料を支払う必要がなく、低価格を実現できます。顧客がクレジットカード等で決済後、5分以内に確認のEメールを顧客に送信します。顧客は、自分の注文品の進捗状況について、ウェブ上でいつでも確認することができます。

section 1 　ダイレクト・マーケティングと法規制
section 2 　特定商取引法による規制①
section 3 　特定商取引法による規制②
section 4 　契約に関する法規制
section 5 　個人情報保護法による規制

PART 3
ダイレクト・マーケティングの法規制

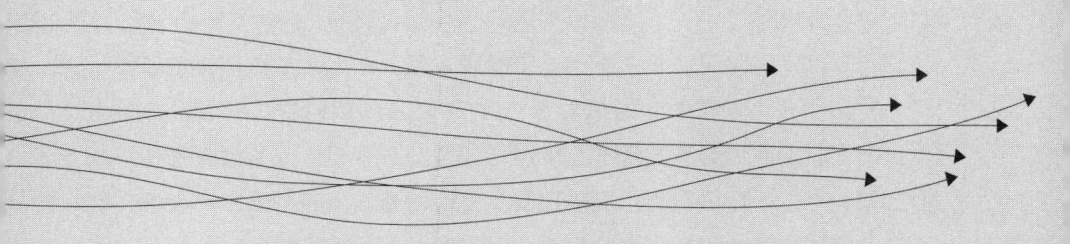

ダイレクト・マーケティングをめぐる
法律的な
環境の変化を
把握する

section 1　ダイレクト・マーケティングの法規制

ダイレクト・マーケティングと法規制

　ダイレクト・マーケティングを実践するに当たり、消費者保護の観点から企業が知っておかなければならない法規制があります。はじめに、ダイレクト・マーケティングに関連する法規制の全体像について解説します。

(1) 主な法規制

　ダイレクト・マーケティングを実践する際、あらかじめ企業が理解しておく法律があります。通信販売では、「特定商取引法」で広告に関する規制が行われており、理解しておく必要があります。通信販売は、対面で取引を行わないため、実際に製品を目で見て、確かめてから購入することができません。広告の正確さが重要となり、規制が行われています。

　消費者に対するトラブル防止のルールを定め、不公正な勧誘行為等を取り締まる「特定商取引法」、不当な広告表示を規制する「景品表示法」(不当景品類及び不当表示防止法)、消費者との契約に適用される「消費者契約法」、個人情報の保護を目的とした「個人情報保護法」、インターネット経由の契約を規定する「電子契約法」などは、消費者と密接に関わり重要です。

　取り扱う商品により、その他、関連する法律も存在します。健康食品や化粧品を取り扱う場合は、「薬事法」や「健康増進法」が関連します。食品を扱う場合には、JAS法（農林物資の規格化及び品質表示の適正化に関する法律）、「食品衛生法」が関連します。生活用品であれば、「消

図 3-01 主な法規制について

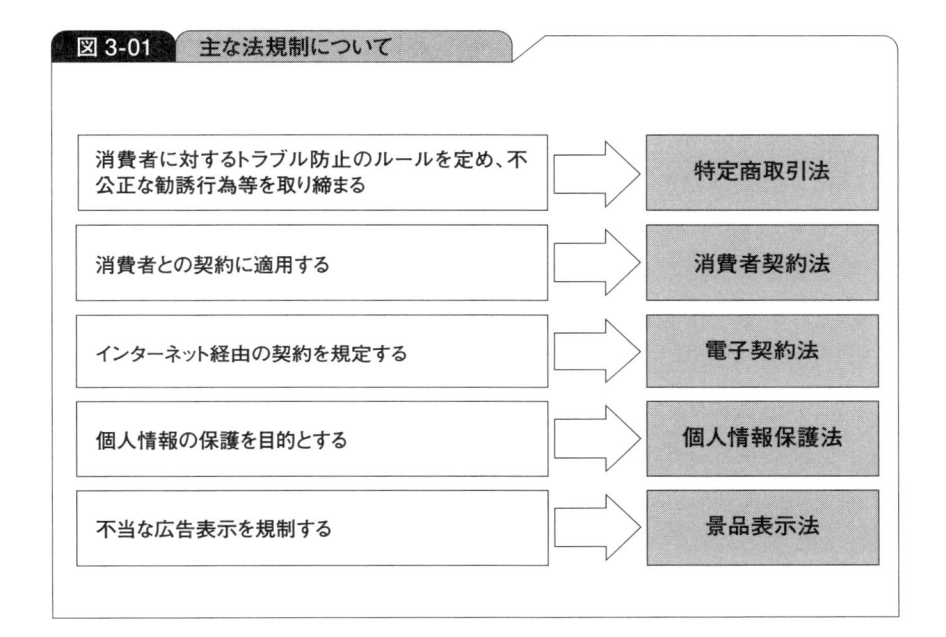

消費者に対するトラブル防止のルールを定め、不公正な勧誘行為等を取り締まる	特定商取引法
消費者との契約に適用する	消費者契約法
インターネット経由の契約を規定する	電子契約法
個人情報の保護を目的とする	個人情報保護法
不当な広告表示を規制する	景品表示法

費生活用製品安全法」が、酒類であれば「酒税法」「酒類業組合法」などがあります。

上記の法律を理解し、遵守したうえで、事業を行う必要があります。

（2）特定商取引法

特定商取引法の目的は、トラブル防止のルールを定め、事業者による不公正な勧誘行為等を取り締まることにより、消費者取引の公正を確保することです。

特定商取引法では、次の項目が規定されています。
①広告の表示
②誇大広告等の禁止
③前払式通信販売の承諾等の通知
④顧客の意に反して契約の申込みをさせようとする行為の禁止

⑤行政処分・罰則

(3) 消費者契約法、電子契約法
　消費者契約法の目的は、消費者契約を結ぶ過程や契約の内容に関するトラブルを解決して消費者を守ることです。対象となる契約は、消費者が事業者と結んだすべての契約です。消費者契約法では、民法で規定している取引を、消費者寄りに修正しているところに特徴があります。

　消費者が行う電子消費者契約の要素に特定の錯誤があった場合などに、電子承諾通知を発する場合に関し、民法の特例を定めるものとする電子消費者契約および電子承諾通知に関する民法の特例に関する法律が存在しています。

(4) 個人情報保護法
　個人情報保護法は、個人情報の①「保護」と②「活用」の観点から成立した法律です。
①個人情報の保護とは、「個人の権利利益を保護」が目的で、次の規定があります。
　a.利用目的の通知、公表、セキュリティの確保
　b.第三者提供の制限
　c.本人関与、苦情処理
②個人情報の活用とは、「個人情報の有用性に配慮」が目的で、次の規定があります。
　a.利用目的を制限して活用
　b.本人の同意を取り付けたうえで活用

(5) 景品表示法

　景品表示法は、正式には「不当景品類及び不当表示防止法」といい、不当な表示や過大な景品類の提供を制限または禁止し、公正な競争を確保することにより、消費者が適正に製品・サービスを選択できる環境を守るための法律です。

　消費者は、より質の高いもの、より価格の安いものを求め、事業者は消費者の期待に応えるため、他の事業者のものよりも質を向上させ、また、より安く販売する努力をします。

　品質や価格等に関する不当な表示や過大な景品類の提供が行われると、良質廉価なものを選ぼうとする消費者の適正な選択に悪影響を与え、公正な競争が阻害されることになりますので、独占禁止法の特例法としてこの法律が制定されました。

section 2　ダイレクト・マーケティングの法規制

特定商取引法による規制①

　通信販売に関する法規制のうち、中心となるのが「特定商取引法」です。特定商取引法（正式名称「特定商取引に関する法律」）とは、訪問販売など消費者トラブルを生じやすい特定の取引類型を対象に、トラブル防止のルールを定め、事業者による不公正な勧誘行為等を取り締まることにより、消費者取引の公正を確保するための法律です。
　特定商取引法の通信販売に対する規制(行政規制)は、次のとおりです。

(1) 広告の表示
　通信販売は、隔地者間（離れたところにいる者同士）の取引のため、消費者にとって広告は唯一の情報となります。そのため、広告の記載が不十分であったり、不明確であったりすると、後日トラブルを生じることになりますから、広告に表示する事項を次頁の図3-02のように定めています。

(2) 誇大広告等の禁止
　誇大広告や、著しく事実と相違する内容の広告による消費者トラブルを未然に防止するため、上記（1）の表示事項などについての「著しく事実に相違する表示」や「実際のものより著しく優良であり、もしくは有利であると人を誤認させるような表示」は禁止されています。

(3) 前払式通信販売の承諾等の通知
　消費者が製品の引渡し（権利の移転、役務の提供）を受ける前に、代

図3-02 広告の表示について定めている表示事項

1	販売価格（役務の対価）（送料についても表示が必要）
2	代金（対価）の支払時期、方法
3	商品の引渡時期（権利の移転時期、役務の提供時期）
4	商品の引渡し（権利の移転）後におけるその引取り（返還）についての特約に関する事項（その特約がない場合にはその旨）
5	事業者の氏名（名称）、住所、電話番号
6	事業者が法人であって、電子情報処理組織を利用する方法により広告をする場合には、当該販売業者等代表者または通信販売に関する業務の責任者の氏名
7	申込みの有効期限があるときは、その期限
8	販売価格、送料等以外に購入者等が負担すべき金銭があるときは、その内容およびその額
9	商品に隠れた瑕疵がある場合に、販売業者の責任についての定めがあるときは、その内容
10	いわゆるソフトウェアに係る取引である場合には、そのソフトウェアの動作環境
11	商品の販売数量の制限など、特別な販売条件（役務提供条件）があるときは、その内容
12	請求によりカタログなどを別途送付する場合、それが有料であるときは、その金額
13	電子メールによる商業広告を送る場合には、事業者の電子メールアドレス
14	相手方の承諾なく電子メールによる商業広告を送る場合には、そのメールの件名欄の冒頭に「未承諾広告※」

金（対価）の全部あるいは一部を支払う前払式通信販売の場合、事業者は代金を受け取り、その後製品の引渡しに時間がかかるときは、その申込みの諾否など、次の事項を記載した書面を渡さなければなりません。
①申込みの承諾の有無（承諾しないときは、受け取った代金をすぐに返す旨と、その方法を明らかにしなければならない）
②代金（対価）を受け取る前に、申込みの承諾の有無を通知しているときは、その旨
③事業者の氏名（名称）、住所、電話番号
④受領した金銭の額（それ以前にも金銭を受け取っているときは、その合計額）
⑤当該金銭を受け取った年月日
⑥申込みを受けた製品とその数量（権利、役務の種類）
⑦承諾するときは、製品の引渡時期（権利の移転時期、役務の提供時期。期間または期限を明らかにすることにより行わなければならない）

(4) 顧客の意に反して契約の申込みをさせようとする行為の禁止
　インターネット通販で、次のような行為は禁止されています。
①あるボタンをクリックすれば、それが有料の申込みとなることを、消費者が容易に認識できるように表示していないこと
②申込みをする際に、消費者が申込み内容を容易に確認し、かつ訂正できるように措置していないこと
　次のような場合は、禁止行為に該当するおそれがあります。
①最終的な申込みにあたるボタン上では、「購入（注文、申込み）」などといった用語ではなく、「送信」などの用語で表示がされており、また、画面上の他の部分でも「申込み」であることを明らかにする表示がない場合
②最終的な申込みに当たるボタンに近接して「プレゼント」と表示され

ているなど、有償契約の申込みではないとの誤解を招くような表示がなされている場合

(5) 行政処分・罰則

　行政規制に違反した事業者は、業務改善指示、業務停止命令などの行政処分の他、罰則の対象となります。

　ただし、消費者からの請求によって、これらの事項を記載した書面（インターネット通信販売では電子メールでもよい）を「遅滞なく」提供することを広告に表示し、かつ実際に請求があった場合に「遅滞なく」提供できるような措置を講じている場合には、広告の表示事項を一部省略することができます。

section 3　ダイレクト・マーケティングの法規制

特定商取引法による規制②

　ここでは、特定商取引法に関する近年の改正内容について概説します。悪質商法による消費者被害の未然防止・拡大防止を図るべく、「特定商取引に関する法律施行令の一部を改正する政令」が施行されました。

(1) 特定商取引に関する法律施行令の一部を改正する政令（規制対象の強化）

　悪質な訪問販売や電話勧誘販売、通信販売を規制する「特定商取引に関する法律（特定商取引法）」の規制対象に、図3-03の3項目が追加さ

図3-03　特定商取引に関する法律(特定商取引法)の追加規制対象

1	みそ、しょうゆその他の調味料
2	易断の結果に基づき助言、指導その他の援助を行なうサービス（役務）
3	決済用資金を預かって行う、以下の取引の仲介サービス ・現実の商品引渡しがない物品売買取引 ・商品先物取引 ・商品指数取引 ・上記3つの取引に関するオプション取引

れました。

　上記物品やサービスを特定商取引の規制対象に追加することにより、次のような消費者保護が図られることになりました。
①上記物品やサービスについて、訪問販売や電話勧誘販売をする事業者が不適切な勧誘を行った場合には、国および都道府県による行政処分の対象となりました。
②上記物品やサービスについて、消費者はクーリング・オフできるようになりました。

　都道府県知事による適正な法執行を図るため、通信販売および電話勧誘販売に関して、立入検査や業務停止命令等の行政処分に係る主務大臣の権限を都道府県知事に移譲しました。

(2) 特定商取引法の通達の改正（インターネット・オークションにおける「販売業者」に係るガイドラインの策定）

　インターネット・オークションでは、出品者の中に事業者と非事業者が混在しており、事業者であっても事業者としての特定商取引法の表示義務を遵守していないことが多く見られます。このような状況に鑑み、経済産業省は、インターネット・オークションで、同法の「販売業者」に該当すると考えられる場合を明確化するため、特定商取引法のガイドラインを策定しました。

　同ガイドラインの主な内容は、次のとおりです。
①すべてのカテゴリー・製品について
　次の場合には、特別の事情がある場合を除き、営利の意思を持って反復継続して取引を行う者として販売業者に該当します。
a.過去1ヶ月に200点以上または1時点に100点以上の製品を新規出品している場合

b. 落札額の合計が過去1ヶ月に100万円以上である場合
c. 落札額の合計が過去1年間に1,000万円以上である場合

②特定のカテゴリー・製品について

次の場合には、通常、販売業者に当たると考えられます。

a. 家電製品等について、同一の製品を1時点に5点以上出品している場合
b. 自動車・二輪車の部品等について、同一の製品を1時点に3点以上出品している場合
c. CD・DVD・パソコン用ソフトについて、同一の製品を1時点に3点以上出品している場合
d. いわゆるブランド品に該当する製品を、1時点に20点以上出品している場合
e. インクカートリッジに該当する製品を、1時点に20点以上出品している場合
f. 健康食品に該当する製品を、1時点に20点以上出品している場合
g. チケット等に該当する製品を、1時点に20点以上出品している場合

(3) オンライン・トラストマーク制度

社団法人日本通信販売協会では、インターネット通販の促進と消費者保護を図るため、インターネット通販に適切な取引を行う事業者を認定し、「オンライン・トラストマーク」を付与しています。

図 3-04　オンライン・トラストマーク

section 4　ダイレクト・マーケティングの法規制
契約に関する法規制

　ダイレクト・マーケティングは、企業と顧客の相互の信頼関係で成り立っています。ここでは、ダイレクト・マーケティングを取り巻く法規制の中から、消費者である顧客の立場を守る「電子契約法」と「消費者保護法」について解説します。

(1) 契約行為について

　民法は、贈与、売買など13種類の契約を規定していますが、民法には「契約自由の原則」があります。これは、売買契約をするかどうか、その際

図 3-05　申込みと承諾

	申込み	承諾	規定する法律
通信販売 (ネット以外)	相手に到達した時点 (到達主義)	相手が承諾を発した時点(発信主義)	民法
ネット販売	相手に到達した時点 (到達主義)	相手に承諾が到達した時点(到達主義)	電子契約法 (民法の特例)

の売買契約内容等に関する一切の事柄は、原則として売買契約当事者の自由に任されているという原則です。

売買契約は、互いが合意したときに成立しますから、店舗で製品を販売するときは、その成立時期は明確です。しかし、通信販売など当事者間が離れている場合は、買い手の申込みと売り手の承諾はいつ有効になるかは不明確なため、図3-05のように整理されています。

電子契約法では民法のルールを一部修正するなどして、電子消費者契約に関する錯誤無効の特例や、電子契約の成立時期の明確化などを規定し、消費者の立場を擁護しています。

(2) 消費者契約法の概要

消費者契約法の対象となる契約は、消費者が事業者と結んだすべての契約となります。これを「消費者契約」と呼んでいます。たとえば、インターネット販売では、消費者である顧客に製品やサービスなどを販売・提供するすべての契約が対象となります。

この法律の目的は、消費者契約を結ぶ過程や契約の内容に関するトラブルを解決して、消費者を守ることです。消費者と事業者の情報の非対称性を考慮し、消費者契約に関する情報の質や量、交渉力の格差を法規制により是正し、健全な商取引が行えるようにしたものです。

(3) 消費者契約法が想定する場面

消費者契約法は、民法で規定している取引を、消費者寄りに修正しているところに特徴があります。

①消費者契約を結ぶ過程で事業者の不適切な行為で、消費者の自由な意思決定が阻害される場合、消費者が「誤認」して契約の「承諾・申込み」を行えば、取り消すことができます。

a. 不実告知…契約を結ぶ決め手となるような重要な事実について、事実

と異なることを告知した場合
b. 断定的判断の提供…株取引などで将来どうなるかわからないのに、得られる利益について断定的に情報提供するような場合
c. 不利益事実の故意の不告知…重要な事実について、不利益になるようなことをわざと伝えない場合

　訪問販売では、玄関先に居座って退去しないような「不退去」や、消費者が帰りたいと希望しているのに帰してくれない「監禁」に相当する場合も、消費者は自分の行った契約の申込みや承諾を取り消すことができます。

② 消費者契約の内容に、消費者の利益を不当に害する内容が一部であっても、消費者契約の当該契約条項は無効となります。
a. 事業者の損害賠償責任を免除したりする契約条項
b. 不当に高額な解約料などを定める契約条項
c. 不当に高額な遅延損害金などを定める契約条項
d. 民法の信義誠実の原則（社会の一員として相手の信頼を裏切らず、誠意を持って行動すべき原則）に反する、消費者の利益を一方的に害する契約条項

図 3-06　消費者契約法の概要

消費者契約法の目的:
消費者契約を結ぶ過程で、契約の内容に関するトラブルを解決し消費者を保護すること

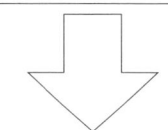

(1) 消費者契約を結ぶ過程で、事業者の不適切な行為で、消費者の自由な意思決定が邪魔された場合

- ①不実告知
- ②断定的判断の提供
- ③不利益事実の故意の不告知

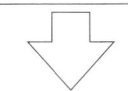

↓

消費者は誤認して契約の承諾・申込み

- ①不退去
- ②監禁

↓

消費者は困惑して契約の承諾・申込み

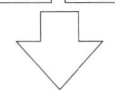

↓

契約の申込みや承諾の取り消しが可能（消費者保護）

(2) 契約の条項に、消費者の利益を不当に害する内容が含まれる場合

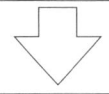

- ①事業者側の損害賠償責任の免除条項に該当する条項がある
- ②不当に高額な解約料に該当する条項がある
- ③不当に高額な遅延損害金に該当する条項がある
- ④民法の信義則に反して、消費者利益を一方的に害する条項がある

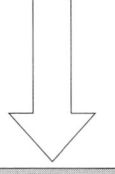

↓

消費者契約のうち当該条項は無効（消費者保護）

PART 3　ダイレクト・マーケティングの法規制

section 5　ダイレクト・マーケティングの法規制

個人情報保護法による規制

　ここでは、企業と顧客の信頼関係を維持・保護するために制定された個人情報保護法について解説します。同法は、2005年4月1日より完全施行されています。

(1) 個人情報と個人情報保護法の要旨
　個人情報とは、生存する個人に関する情報のことです。特定の個人を識別できる情報をいいます。単独では個人を識別できなくても、他の情報と照合すれば識別できる情報も、個人に関する個人情報です。

図 3-07　個人情報保護法のポイント

1) 保護→「個人の権利利益を保護」
　　・利用目的の通知、公表、セキュリティの確保
　　・第三者提供の制限
　　・本人関与、苦情の処理

2) 活用→「個人情報の有用性に配慮」
　　・利用目的を制限して活用すること
　　・本人同意を取り付けたうえで活用すること

メールアドレスだけでは個人を識別するのは困難ですが、そのメールアドレスと登録情報リストを照合することで、個人を識別することができれば、個人情報に当たります。個人情報の具体例は、次のとおりです。
① 個人を識別する基本情報（氏名）
② 個人の生体情報（顔写真、声、指紋、遺伝子等）
③ 個人の付帯情報（IPアドレス、アクセス時間等）
④ 個人のプロフィール情報（生年月日、年齢、住所、趣味、家族構成、勤務地等）
　個人情報保護法は、個人情報の「保護」と「活用」の観点から成立した法律です。

(2) 個人情報取扱事業者

　個人情報取扱事業者とは、過去6ヶ月間に1日でも5,000人を超える個人情報データベースを運用している事業を指します。個人情報保護法では、この個人情報取扱事業者だけを規制の対象としています。一般人や個人情報保護法上の小規模事業者などは規制の対象ではありません。

(3) 個人情報の利用目的の特定

　個人情報保護法では、個人情報取扱事業者に個人情報の「利用目的の特定」を義務付けています。目的は、公表や本人へ通知する必要があるとされています。

　多くのインターネットでの取引を事業とする個人情報取扱事業者は、サイト上で「プライバシーポリシー」（個人情報保護方針）を掲げています。基本的な表示内容は次のとおりです。
① 個人情報の利用目的
② 個人情報の取得方法
③ 個人情報を安全に管理していること

図 3-08　個人情報取扱事業者の主な義務

個人情報取扱事業者の義務	内容
利用目的の制限	本人の許諾を得た、利用目的に必要な範囲だけ、個人情報を取扱う義務
適正な取得	本人に利用目的を正しく伝え、許諾を得て個人情報を取得する義務
安全管理措置	個人情報を漏洩したり、紛失しないように、安全に管理するための必要な措置をとる義務
第三者提供の制限	本人の同意なしに、他の人や会社に個人データを提供しない義務
開示・訂正・利用停止	本人の許諾を得て、利用目的を正しく伝え、個人情報を取得する義務

④個人情報を第三者に提供する場合の措置
⑤個人情報の開示・訂正・利用停止に関すること
⑥事業者名と個人情報に関する問い合わせ先について

(4) 個人情報取扱事業者の主な義務

　図3-08に、個人情報保護法に規定する個人情報取扱事業者の主な義務についてまとめてあります。

(5) プライバシーマーク制度

　また、財団法人日本情報処理開発協会（JIPDEC）では、JIS規格に適合している個人情報の取扱いを適切に講じていると認定した事業者には、「プライバシーマーク」を付与しています。プライバシーマークがウェブサイトに掲載されていれば、消費者がその事業者に対して、個人情報

の取扱いについて適切な措置を講じているかどうかを簡単に見分けることができます。

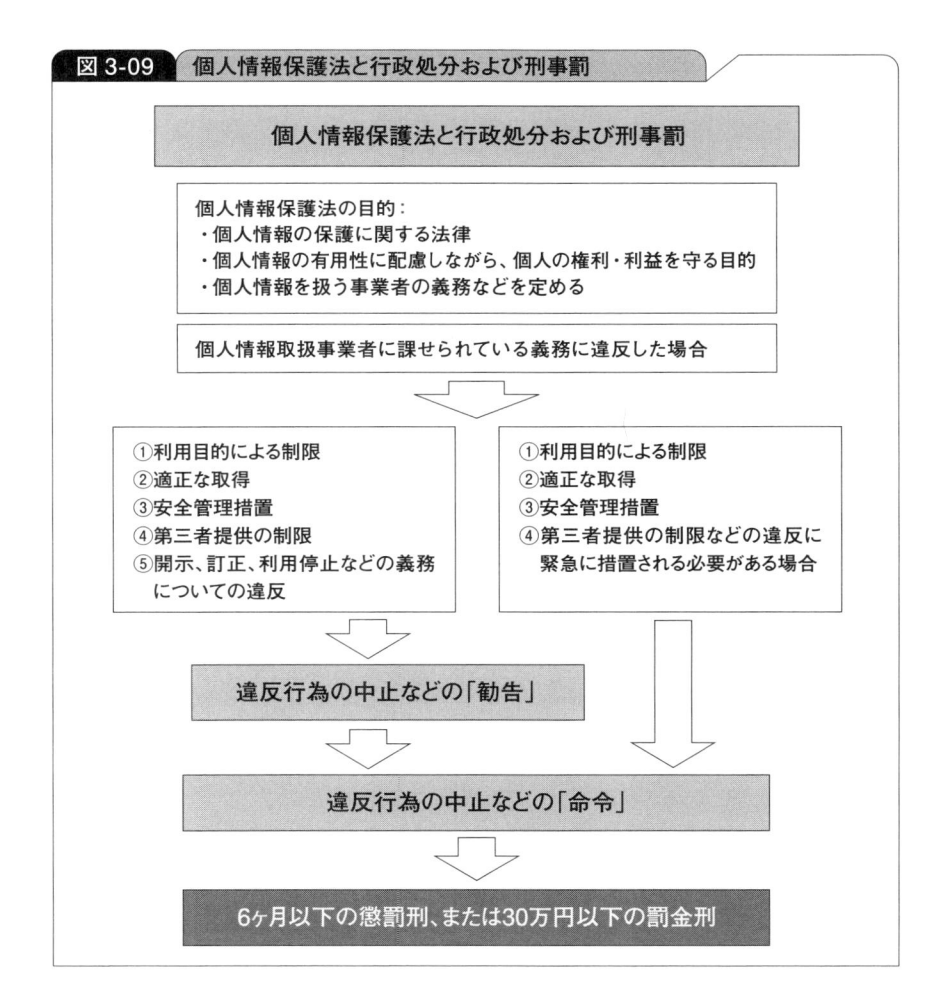

図 3-09　個人情報保護法と行政処分および刑事罰

個人情報保護法と行政処分および刑事罰

個人情報保護法の目的：
・個人情報の保護に関する法律
・個人情報の有用性に配慮しながら、個人の権利・利益を守る目的
・個人情報を扱う事業者の義務などを定める

個人情報取扱事業者に課せられている義務に違反した場合

| ①利用目的による制限
②適正な取得
③安全管理措置
④第三者提供の制限
⑤開示、訂正、利用停止などの義務についての違反 | ①利用目的による制限
②適正な取得
③安全管理措置
④第三者提供の制限などの違反に緊急に措置される必要がある場合 |

違反行為の中止などの「勧告」

違反行為の中止などの「命令」

6ヶ月以下の懲罰刑、または30万円以下の罰金刑

PART 3　ダイレクト・マーケティングの法規制

section 1　電話マーケティングの標的市場設定法
section 2　電話マーケティングの価値創造戦略
section 3　電話マーケティングの価値伝達戦略
section 4　電話マーケティングの事例①
section 5　電話マーケティングの事例②

PART 4

電話マーケティング

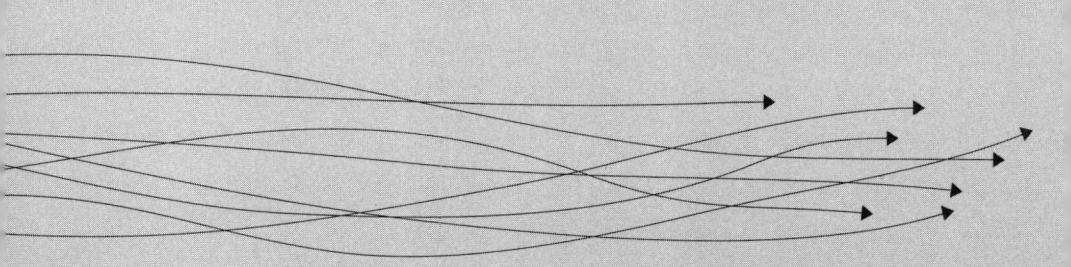

電話を使ったマーケティング活動
インバウンド・アウトバウンドの
成功の秘訣は何か？

section 1　電話マーケティング

電話マーケティングの標的市場設定法

　電話マーケティング（テレ・マーケティング）での標的市場の選定では、市場をセグメント化し、その魅力を評価するとともに、ターゲットとするセグメントを絞り込みます。

　絞り込んだセグメントごとに、どのような電話マーケティングを展開するかをプランニングしなければなりません。ここでは、電話マーケティングでの標的市場の設定と顧客データベースについて解説します。

(1) 標的市場の設定の必要性

　コトラーは、「セグメント」を、「あるマーケティング刺激に対して同じように反応する消費者の集合」と定義しています。

　担当者の経験や勘に頼ると、顧客ニーズの変化に対応できないというリスクが生まれます。顧客情報をもとに仮説を立て、実行、実行結果の評価といった、「仮説－実行－検証」の繰り返しによって、電話マーケティングの成果を高めていく仕組みを構築しなければなりません。

　マーケティングの成果を高めるための有効なツールが「顧客データベース」です。顧客データベースとは、顧客の属性データ（氏名、性別、年齢、居住地など）や購買履歴データを蓄積したデータベースのことです。ダイレクト・マーケティングでの「情報を蓄える」機能を果たします。顧客データベースに蓄積された顧客および見込顧客に対して、仮説を立て、個別に電話でアプローチして仮説を検証します。その検証結果を顧客データベースにフィードバックします。

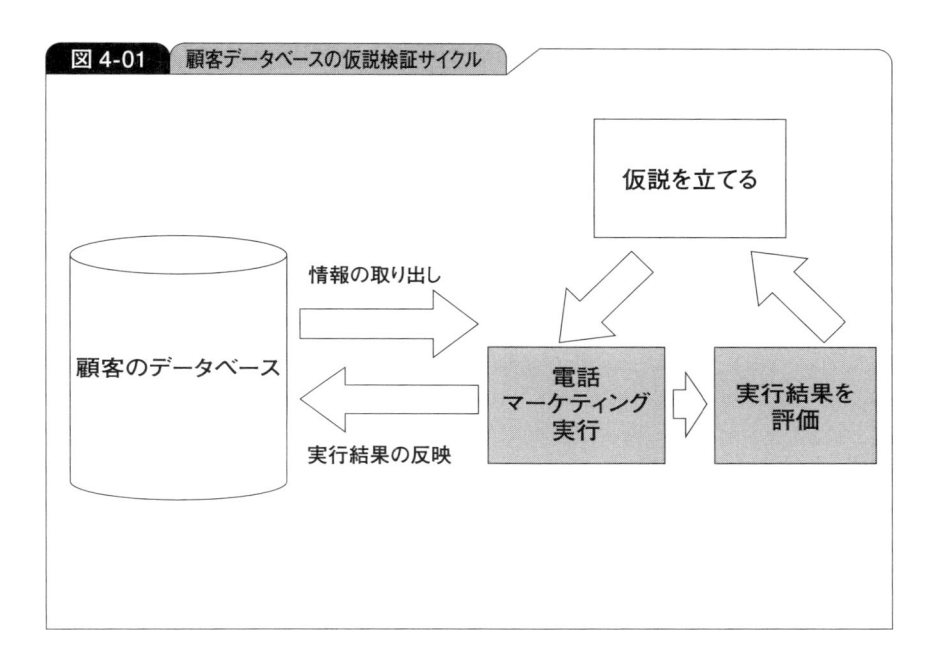

図 4-01　顧客データベースの仮説検証サイクル

```
                              仮説を立てる
                                ↓       ↑
顧客のデータベース  →情報の取り出し→  電話      →  実行結果を
                 ←実行結果の反映←  マーケティング   評価
                                   実行
```

図 4-02　電話マーケティングにおける市場セグメンテーションの着眼点

着眼点	例
持って生まれた特性	性別、年齢など
行動で得られた特性	職業、学歴、所得など
地理的基準	居住地域（都道府県市町村）、都市部・農村・漁村、大・中・小都市別など
ライフスタイル	進歩的、保守的、健康志向など

(2) 市場セグメンテーションの着眼点

　市場のセグメンテーションは、顧客が個人か法人（株式会社など）かによって、着眼点が異なります。

　ライフスタイルとは、生活様式を指します。趣味・交際などを含めた、その人の個性を表すような生き方に着眼します。

　個人・法人とも、着眼点を明確に設定し、市場をセグメント化することが標的市場設定の第一歩です。ターゲットのセグメントを決定し、経営資源（人材、設備、資金、情報等）を重点的に投入します。

(3) 顧客データの収集

　セグメントが決まったら、該当するセグメントに所属する顧客データを収集します。収集方法は、「既存の社内データを収集する」、「新規に収集する」の2種類があります。

①既存の社内データを収集する

　これまでに電話営業した顧客や取引のあった顧客に関して、営業記録や顧客記録などから、セグメントに該当するかを判断して、データベースに登録します。

②新規に収集する

　広告やDMなどから問い合わせ等の反応があった顧客情報を収集して、見込客としてデータベースに登録します。広告にサンプルの申込みを載せて、電話やはがき、電子メールなどで反応を促す手法がよく用いられます。

(4) 顧客のランク設定

　収集した顧客情報から、購入見込みを評価し、次の4段階にランク分けします。各ランクでのアプローチの基本方針は、次のとおりです。

①購入見込みがない、またはかなり低い顧客

一定期間置いて、新製品・サービスができた時点で、電話で購入見込みを探ります。

②購入見込みはあるが、購入意志が弱い顧客

購入意思の育成を図るよう、電話アプローチを行います。たとえば、販促イベントに来場を促すなどです。

③購入見込みが高い顧客

顧客ニーズを深くつかむために、定期的に電話して、御用聞きを行います。

④購入確実の顧客

顧客ニーズに合う製品・サービスを案内して、来店を促したり、訪問したりします。

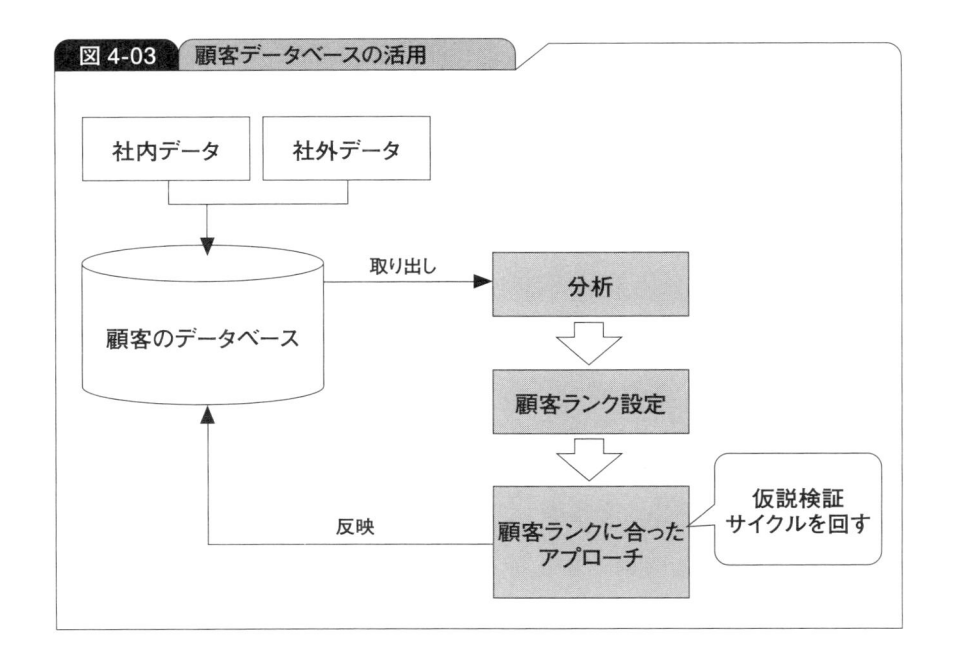

図 4-03　顧客データベースの活用

社内データ　社外データ

↓

顧客のデータベース —取り出し→ 分析 → 顧客ランク設定 → 顧客ランクに合ったアプローチ

仮説検証サイクルを回す

反映 ←

section 2　電話マーケティング

電話マーケティングの価値創造戦略

　電話マーケティングでも、他のダイレクト・マーケティングと同様に、製品戦略・価格戦略が価値創造には不可欠です。しかし、電話マーケティングの場合、訪問販売と同様、人材の採用・育成が価値創造の中心的役割を果たしているところに特徴があります。

(1)　電話マーケティングの体制づくり

　電話マーケティング実施部門に対して、経営トップ・他部門の理解・協力を得られるような体制づくりが必要です。経営トップや他部門からの顧客情報の提供や電話マーケティング実施策の改善提案などがあってこそ、電話マーケティングの効果が上がります。

　電話マーケティングの実施部門には、実際に電話営業を行うスタッフと、オペレーターを管理・指導するスーパーバイザーを配置します。

(2)　スタッフの採用

　電話マーケティングは、互いに顔が見えない状態で不特定多数の見込客と話しをするため、相手に良い印象を与えられるような話し方ができる人を採用します。

　求人の問い合わせは、電話で受ける仕組みにします。問い合わせの電話は、スタッフとしての資質や潜在能力を測るための良い機会です。声の質や話し方などのチェック・リストを作成しておくと、公平な評価ができます（図4-05参照）。

　電話マーケティングの理想とするスタッフ像は、次のとおりです。

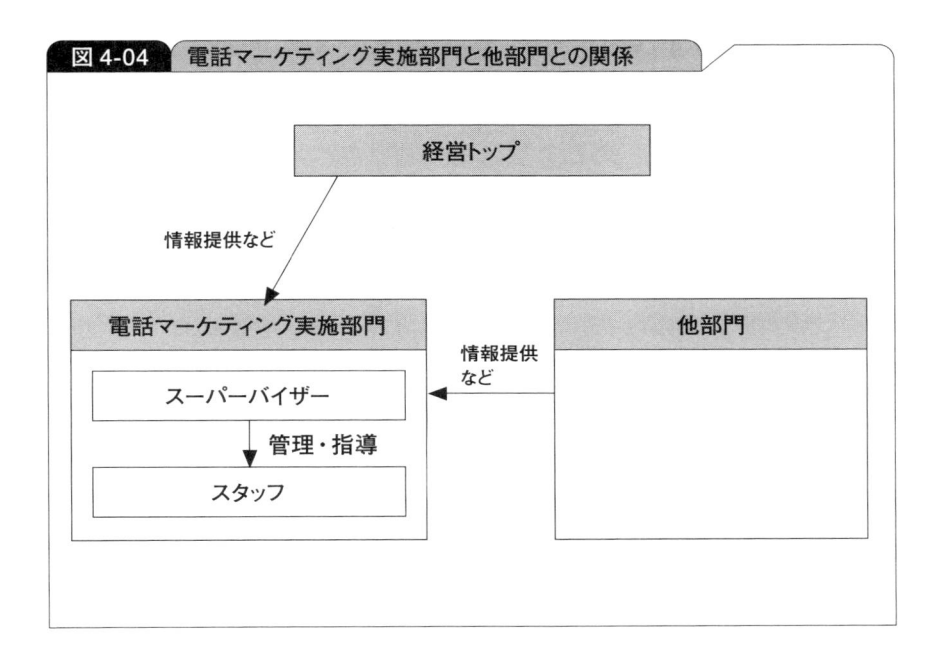

図 4-04　電話マーケティング実施部門と他部門との関係

```
                    経営トップ
                       │
        情報提供など     │
                       ▼
   ┌─────────────────────────┐         ┌──────────────┐
   │ 電話マーケティング実施部門  │         │   他部門     │
   │                         │ 情報提供 │              │
   │   ┌──────────────┐      │◀── など ─│              │
   │   │ スーパーバイザー │      │         │              │
   │   └──────┬───────┘      │         │              │
   │      管理・指導          │         │              │
   │   ┌──────▼───────┐      │         │              │
   │   │   スタッフ     │      │         │              │
   │   └──────────────┘      │         │              │
   └─────────────────────────┘         └──────────────┘
```

①明瞭な発音
②明るい声質
③情報を正しく伝えられる
④落ち込んでも迅速に立ち直ることができる

　特に④は、相手に失礼な対応をされたり、一方的に切られたりしたときなどに必要な資質です。

図 4-05　声の質や話し方のチェック・リスト

声の質	高い・低い、早い・ゆっくり、太い・細いなど
声の印象	明るい・暗い、活気・落ち着き、事務的・くどい、歯切れが良い・悪いなど
話の流れ	質問にムダがないか、話に一貫性があるか、回答が的を射ているかなど

(3) スタッフの指導・育成

　指導・育成計画を策定し、採用したスタッフを教育・訓練します。採用後の教育・訓練終了後も、個別にレベルアップするためのトレーニングが必要です。採用後の教育・訓練は、基本編と実践編に分けて行います。

(4) 指導のメニュー（基本編）

　受けるときもかけるときも、基本編を守ることによって、一定のレベルを保つことができます。メニュー体系は図4-06のとおりです。

(5) 指導のメニュー（実践編）

　実践編は、ロール・プレイングで行います。スタッフ同士で互いの感想を述べ、スーパーバイザーが助言・指導を行います。

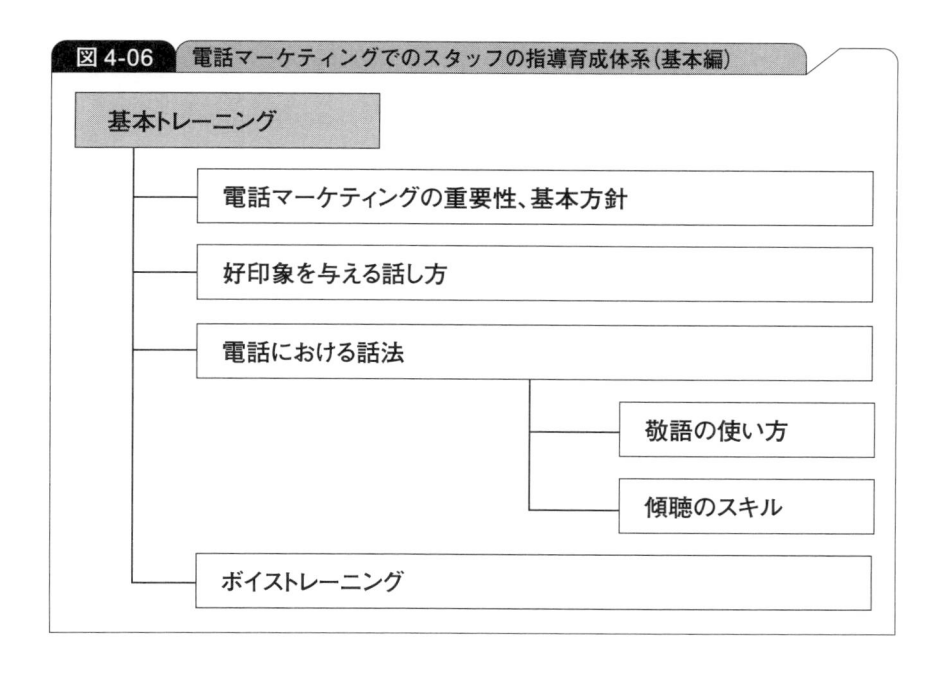

図4-06　電話マーケティングでのスタッフの指導育成体系（基本編）

- 基本トレーニング
  - 電話マーケティングの重要性、基本方針
  - 好印象を与える話し方
  - 電話における話法
    - 敬語の使い方
    - 傾聴のスキル
  - ボイストレーニング

(6) スクリプトの作成と活用

　スクリプトとは、相手との対話を円滑に進めるための「台本」です。すなわち、電話コールの目的達成に向けてのシナリオです。

① スクリプトのメリット

　スクリプトには、次のようなメリットがあります。

a. スムーズな会話の流れを演出することにより、相手の途中拒否を防ぐ
b. 限られた時間の中で、効果的に情報収集ができる
c. ロール・プレイング研修のテキストに活用できる

② スクリプトの作成上の留意点

a. 伝えるポイントを絞る…多くのことを伝えようとするあまり、焦点がぼけることがあります。伝えることを絞り込み、優先順位をつけます
b. 専門用語や業界用語は使わない…相手は、「専門用語・業界用語は一切知らない」という意識で作成します
c. 複数の人で作成する…話し言葉には、人それぞれ癖があります。複数人数で互いの癖を指摘しながら作成すると、自然な会話になります

③ 良いスクリプトの特徴

　良いスクリプトには次のような特徴があります。

a. 会話の流れがスムーズである
b. 相手の興味を引く内容が盛り込まれている
c. 相手が理解しやすい情報を提供している（専門用語や業界用語を使わないなど）
d. 相手の反応のパターンを網羅している
e. クロージングは適切である

section 3　電話マーケティング

電話マーケティングの価値伝達戦略

　電話マーケティングの場合、特に電話を使った情報流通戦略に特徴があります。ここでは、電話マーケティング特有の情報流通戦略に見られる、インバウンド（受信）業務とアウトバウンド（発信）業務を中心に解説します。

(1) インバウンド（受信）業務

　インバウンドとは、顧客にダイレクト・メールや広告などを発送して、問い合わせや注文に電話で対応する業務です。新聞や雑誌などに広告を出して問い合わせを受けることで、見込客の発掘を行います。インバウンド業務には、次のような種類があります。

　インバウンドは、顧客から電話をかけるため、顧客が主導となります。顧客の都合に合わせて、スタッフを常駐させなければなりません。しかし、顧客は製品に対して何らかの関心を持っているため、受注に至る可能性は大いにあります。

　レスポンス率を高めるため、効果的なダイレクト・メールや広告戦略との連携が大切です。

図 4-07　インバウンド業務の種類

①問い合わせへの対応　　④保守・修理サービスの受付
②予約の受付　　　　　　⑤苦情・クレームへの対応
③注文の受付

図 4-08　アウトバウンド業務の種類

新規顧客開拓	商品・サービスの情報提供
	見込客の選別
販売促進	キャンペーン・イベント等の情報提供
	サンキューコール
顧客管理	顧客満足度調査（アンケート）
	リピート注文の獲得
	代金の回収

(2) アウトバウンド（発信）業務

　アウトバウンドとは、企業側から顧客・見込客に電話をかける業務です。アウトバウンドは、売り込む側が主導権を持つため、相手の理解を得たうえで実施しなければなりません。ターゲット顧客層に合致した顧客情報を多く収集・蓄積することも大切です。

　アウトバウンド業務には、図4-08のような種類があります。

(3) 電話マーケティングでの情報流通戦略の評価方法

　電話マーケティングの本格的導入の前に、テスト・マーケティングを行います。顧客データベースから、特定の基準で抽出した顧客に対して電話でアプローチし、成果を評価します。成果が確認できると、本格的導入に踏み切ります。

　一定期間ごとに電話マーケティングの成果を評価して、仮説・改善・評価を繰り返して、電話マーケティングの生産性を高めていきます。電話マーケティングの成果を測る代表的な指標を、以下に示します。

①レスポンス・レート（RR）
　レスポンス・レートは、総発信数に対する反応数の割合です。反応1件を獲得するために、何件発信しているかを表します。

$$\text{レスポンス・レート} = \frac{\text{総反応数}}{\text{総発信数}} \times 100\,(\%)$$

②オーダー・レート（OR）
　オーダー・レートは、総発信数に対する注文数の割合です。注文1件を獲得するために、何件発信しているかを表します。

$$\text{オーダー・レート} = \frac{\text{総注文数}}{\text{総発信数}} \times 100\,(\%)$$

③コスト・パー・レスポンス（CPR）
　コスト・パー・レスポンスは、総反応数に対する発信と受信のコスト合計の割合です。反応を1件獲得するために、どれだけの費用がかかっているかを表します。

$$\text{コスト・パー・レスポンス} = \frac{\text{総発信コスト}＋\text{総受信コスト}}{\text{総反応数}} \times 100\,(\%)$$

④コスト・パー・オーダー（CPO）
　コスト・パー・オーダーは、総注文数に対する発信と受信のコスト合計の割合です。注文を1件獲得するために、どれだけの費用がかかっているかを表します。

$$\text{コスト・パー・オーダー} = \frac{\text{総発信コスト}＋\text{総受信コスト}}{\text{総注文数}} \times 100\,(\%)$$

⑤コンバージョン・レート（CR）
　コンバージョン・レートは、総問い合わせ数に対する成約数の割合です。問い合わせを、どれだけ成約まで結びつけたかを表します。

$$\text{コンバージョン・レート} = \frac{\text{成約数}}{\text{総問い合わせ数}} \times 100\,(\%)$$

(4) 他メディアとの組み合わせによる相乗効果

電話とその他のメディアと連携させることにより、相乗効果が生まれます。他のメディアには、FAX、ダイレクト・メール（DM）、電子メール、Web、カタログなどがあります。図4-09では、DMとの組み合わせを考えます。

このように3段階で実施すると、DMを送付する場合に比べて、反応率が10倍となった事例が報告されています。

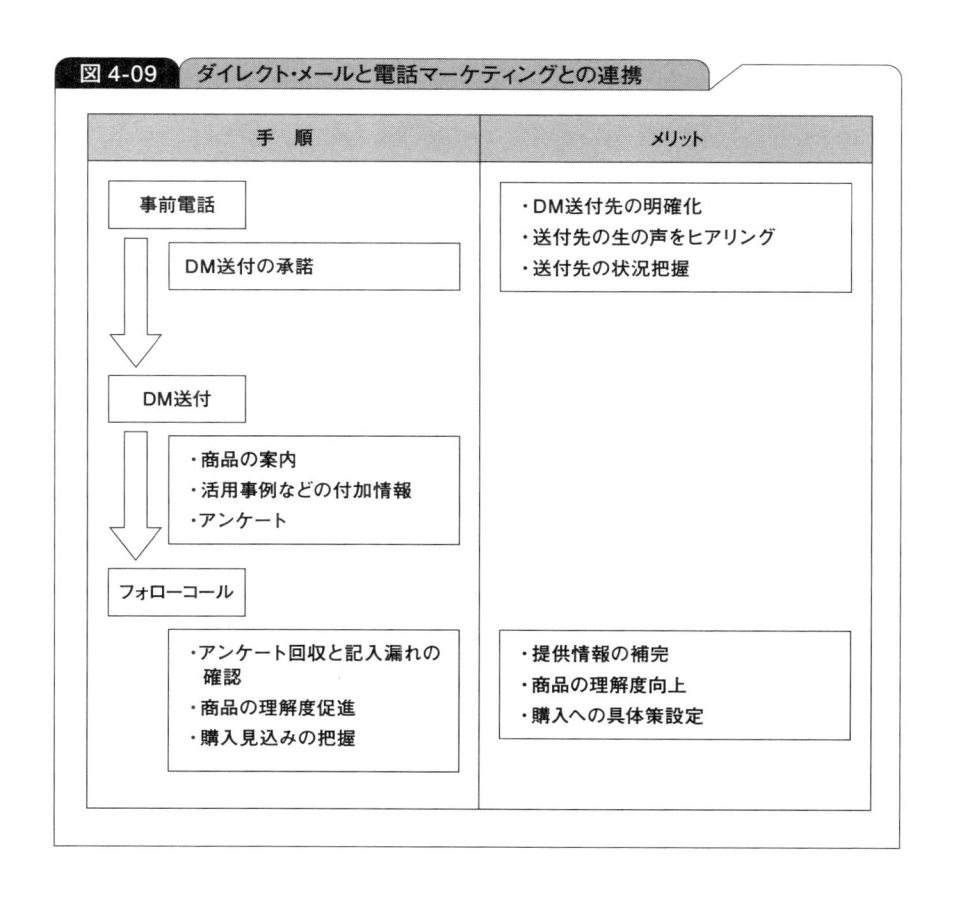

図4-09　ダイレクト・メールと電話マーケティングとの連携

手順	メリット
事前電話 ↓ DM送付の承諾	・DM送付先の明確化 ・送付先の生の声をヒアリング ・送付先の状況把握
DM送付 ・商品の案内 ・活用事例などの付加情報 ・アンケート	
フォローコール ・アンケート回収と記入漏れの確認 ・商品の理解度促進 ・購入見込みの把握	・提供情報の補完 ・商品の理解度向上 ・購入への具体策設定

section 4　電話マーケティング

電話マーケティングの事例①

　ここでは、電話マーケティングの事例として、銀行、信用金庫、菓子製造販売業の3つを紹介します。

(1) A銀行の事例

　A銀行は、主に東京、埼玉を中心に支店を展開している中堅クラスの銀行です。A銀行は、顧客への電話マーケティングによる各種の情報提供によって、銀行全体のイメージアップの向上と新規顧客を獲得しています。

　電話マーケティングのシステム導入に際して、電話相談室を設置するとともに、渉外部門との連携をとっています。A銀行の電話マーケティングの内容は、次のとおりです。

①相談窓口による顧客情報の収集
②テレホンサービス装置による、各種ローン等の案内
③渉外部門のセールスサポート

　電話マーケティングの仕組みを紹介します。まず、マーケティング部門が顧客に店頭パンフレット、新聞広告、DM送付等の広報活動を行います。顧客は広報を見て、A銀行の電話相談室に電話で問い合わせをします。フリーダイヤルが用意されています。電話相談室は問い合わせに対応するとともに、状況に応じて来店を促します。また、相談内容は渉外部門に伝達され、渉外部門が必要に応じて顧客に訪問し、商談を行います。顧客および相談内容の情報はデータベース化され、マーケティング部門、電話相談室、渉外部門がデータの管理を行っています。

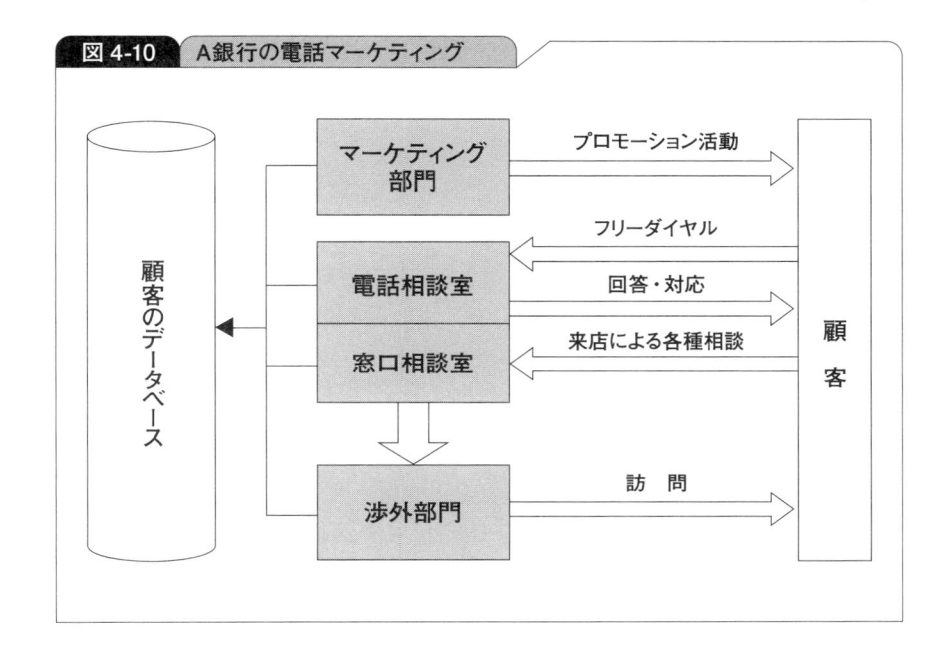

図 4-10　A銀行の電話マーケティング

電話マーケティングの導入効果は次の3点です。
①新規顧客の効率的獲得と固定客化
②人員稼働の軽減
③企業イメージのアップ

　電話相談室、窓口相談室、渉外部門の3部門が、情報の連携を密に取り合っていて、成果につながっています。

(2) 信用金庫の事例

　B信用金庫は、電話マーケティングを活用し、変動金利型商品の新規顧客開拓に成果を上げています。電話マーケティング導入時のマーケティング課題として、「新規顧客の開拓」「渉外依存型からの脱皮」「顧客サービスの強化」がありました。B信用金庫の電話マーケティングの内容は次のとおりです。

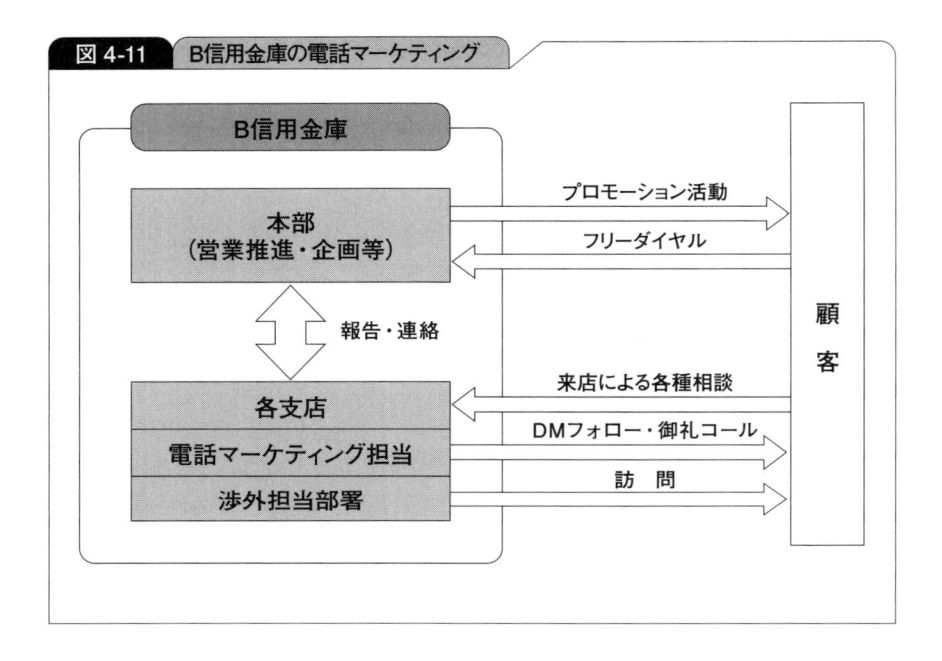

図 4-11　B信用金庫の電話マーケティング

```
B信用金庫
  本部
  （営業推進・企画等）　─プロモーション活動→　顧
                    ←─フリーダイヤル──　　　客
       ↕ 報告・連絡
  各支店　　　　　　　　←─来店による各種相談─
  電話マーケティング担当　─DMフォロー・御礼コール→
  渉外担当部署　　　　　　─訪　問─→
```

①ダイレクト・メール発送後の電話によるフォロー
②新装開店の案内と来店コール
③新規契約者への御礼コール

　B信用金庫の電話マーケティングの仕組みをご紹介します。信用金庫本部が顧客に対して広告宣伝し、ダイレクト・メールを発送します。顧客からの電話での問い合わせや相談は、本部が一括して行っています。顧客情報、相談内容は本部から各支店に伝達され、ダイレクト・メールのフォローや状況に応じて訪問営業を行っています。

　B信用金庫でも、電話マーケティング担当と渉外担当部署との情報の連携が行われ、成果を出しています。

(3) 菓子製造販売業 C 社の事例

　C社は、大正時代に創業した、和菓子の製造販売を行っている老舗企

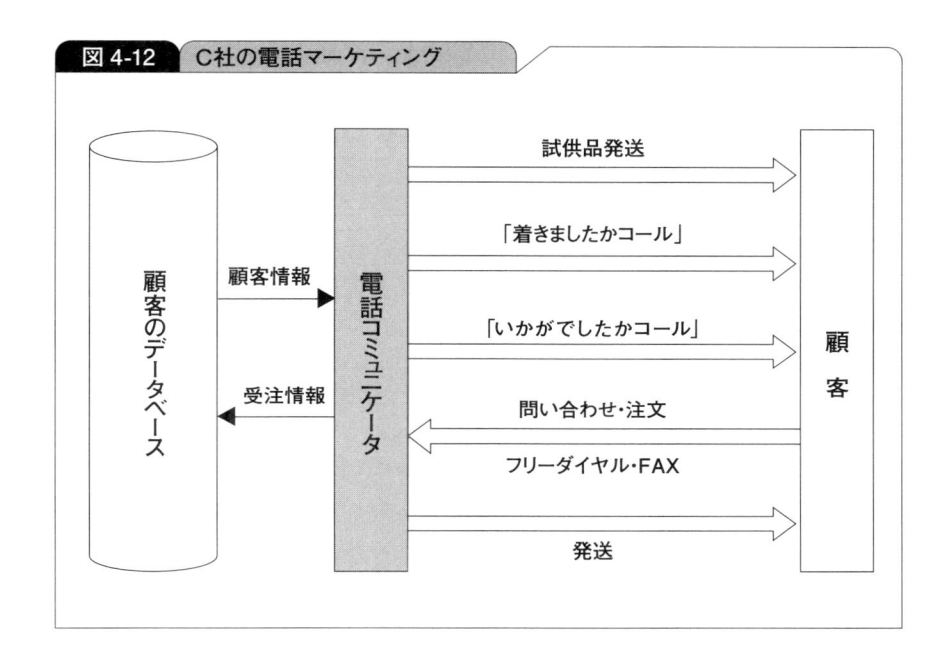

図 4-12　C社の電話マーケティング

顧客のデータベース →顧客情報→ 電話コミュニケータ →試供品発送→ 顧客
電話コミュニケータ →「着きましたかコール」→ 顧客
電話コミュニケータ →「いかがでしたかコール」→ 顧客
顧客 →問い合わせ・注文／フリーダイヤル・FAX→ 電話コミュニケータ →受注情報→ 顧客のデータベース
電話コミュニケータ →発送→ 顧客

業です。C社は、従業員の高齢化による人手不足という経営課題を抱えていました。人手不足を解消するために、何かを機械化できないかという発想と、新規に多くの販売ルートを作りたいという想いから、同社は通信販売業に進出しました。通信販売の販売促進手段として、電話マーケティングを活用しています。問い合わせ対応、注文に加え、試供品提供のフォローを丁寧に行っています。

　フリーダイヤルとFAXにより、各種の問い合わせや試供品提供を受け付けます。試供品発送後のフォローとして「着きましたかコール」を実施し、さらに試食のタイミングを見計らって「いかがでしたかコール」も実施しています。

　電話マーケティングの導入により、売上高増加だけでなく、顧客との電話コミュニケーションによる市場調査が強化できた等の副次的な成果を上げています。

section 5　電話マーケティング

電話マーケティングの事例②

　ここでは、電話マーケティングの事例として、中古車販売業者、新車販売業者、米穀店の事例を紹介します。

(1) 中古車販売業C社の事例

　C社は、自動車販売、修理および保険などの付随製品を取扱う会社です。マーケティング課題は、定期点検入庫台数の増加と車検の効率化でした。C社が導入した電話マーケティングの内容は次の2点です。
①フリーダイヤルによるお客様相談窓口の設置

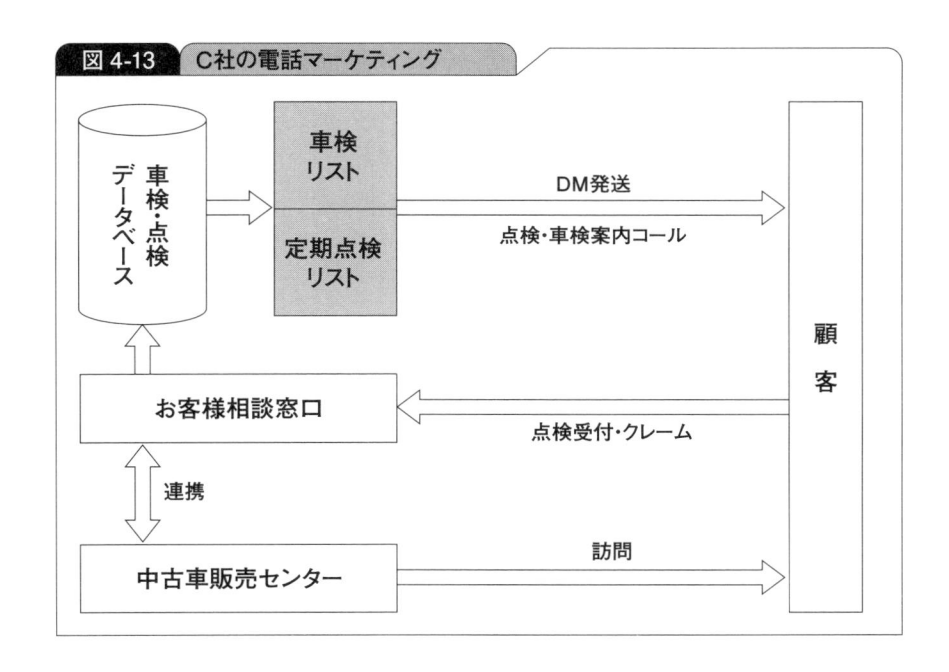

図 4-13　C社の電話マーケティング

②ダイレクト・メール発送後の点検案内コール

　C社では、車検見込客と定期点検見込客のデータベースを活用しています。データベースから車検・点検の時期が迫った顧客リストを打ち出しています。ダイレクト・メールを発送し、その後案内コールを行っています。
　問い合わせやクレーム等はフリーダイヤルで受け付け、状況によってセールスパーソンが訪問して対応しています。電話マーケティングの導入により、点検入庫数・点検収入ともに約3倍になるなどの成果を出しています。

(2) 新車販売業D社の事例

　自動車販売業D社は、大都市中心部にある新車販売を主たる事業としています。周辺は住宅街であり、半径2km圏内には、高層マンションが多く建っています。鉄道の駅から近く、立地にも恵まれています。
　D社では、10年前までは訪問営業を行っていました。近隣の町工場やマンション、ガソリンスタンドなどを毎日回っていましたが、現在はほとんど行っていません。理由は次のとおりです。
①顧客は車の情報をインターネット等で収集しており、訪問して説明する必要性が少ない
②20歳代の若年層は、訪問されることを嫌う傾向がある
③見積もりは店舗のコンピュータで簡単に出力できるため、訪問するよりも店舗内のほうが迅速に商談できる
④平日は留守の個人宅が多いため、営業効率が著しく悪い
　新規顧客開拓は、新聞の折込広告、ホームページ等の広告戦略を中心に展開していますが、既存顧客からの紹介、いわゆる「口コミ」が顧客開拓の重要な要素となっています。

自動車販売業では、電話マーケティングは既存顧客の維持と既存顧客からの紹介の獲得が主目的となっています。

　D社では、「車を売る」のではなく、「セールスパーソンの人柄」で売ることを心がけています。人柄で売るには、電話のさまざまな問い合わせに、迅速かつ丁寧に対応することが、セールスパーソンのブランドを構築します。「車で困ったら○○さん」と思う顧客を、できるだけ多く獲得することがポイントです。

　車検・定期点検・任意保険の更新時期は、点検案内や更新時期が近いことを知らせるはがきを送付するとともに、必ず電話をかけます。そこで、車検・点検を促し、顧客の近況などをさりげなく聞き出します。何気ない会話の中から、「現在の車に乗り続ける」のか、「買い換えたいと考えているのか」を感じ取ることができます。情報を感じ取る能力が、車のセールスパーソンにとっては重要です。

　顧客のプロフィールやライフスタイル、趣味等の「人となり」をとらえて、「買いたいときに顧客に合った車種」を提案しなければなりません。顧客のライフスタイルと車の好みは、必ずしも一致しません。独身の一人暮らしの男性で、実家との移動が主な使い道である場合、コンパクトカーを薦めたいところですが、顧客がミニバンなどの大型車が好みの場合もあります。そのような場合は、顧客の好みに合わせた提案を行っています。

　車は嗜好品なので、購入してから半年、1年で飽きる顧客もいます。購入後、半年あるいは1年後に電話で買換えを促すことも行っています。

(3) 米穀店 E 社の事例

　E社は県庁所在地に3店舗展開している米穀店です。経営課題は、「来店客の増加」および「既存顧客の固定化」でした。電話マーケティングの導入により、顧客管理の精度を上げ、サービス向上により固定客を増

やすとともに、売上拡大に成功しました。

E社の電話マーケティングの構成は、次のとおりです。
① フリーダイヤルとFAXによる注文受付
② ダイレクト・メール発送と発送後のフォロー
③ 各種イベント案内のコール
④ 割引セールの来店コール

フリーダイヤル番号を新聞の折込広告等で広報します。顧客からの注文は、フリーダイヤルまたはFAXで受け付けます。FAX受付は、24時間対応です。

受注データは、顧客データベースに登録され、配送一覧、配送ラベルを出力できる機能があります。顧客データベースには、住所、氏名、電話番号などの基本属性だけでなく、生年月日や結婚記念日などの情報も蓄積しており、各種イベント案内の送付時に活用しています。

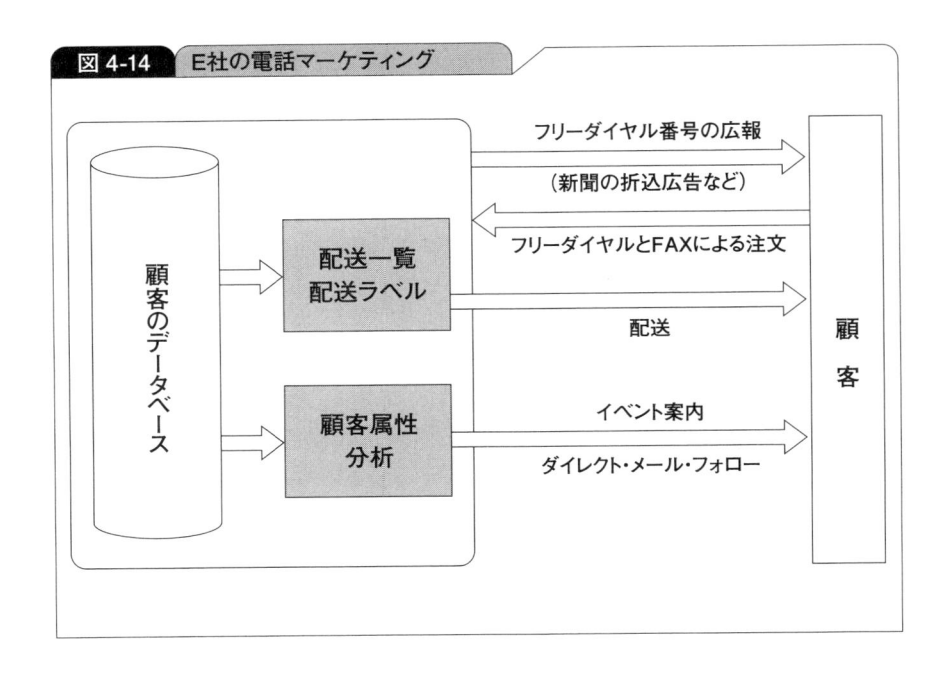

図 4-14　E社の電話マーケティング

顧客のデータベース → 配送一覧・配送ラベル → 配送 → 顧客
顧客 → フリーダイヤル番号の広報（新聞の折込広告など）
顧客 → フリーダイヤルとFAXによる注文
顧客のデータベース → 顧客属性分析 → イベント案内・ダイレクト・メール・フォロー → 顧客

section 1　訪問販売の標的市場設定法
section 2　訪問販売の価値創造戦略
section 3　訪問販売の価値伝達戦略
section 4　訪問販売の事例①
section 5　訪問販売の事例②
section 6　訪問販売の事例③

PART 5

訪問販売マーケティング

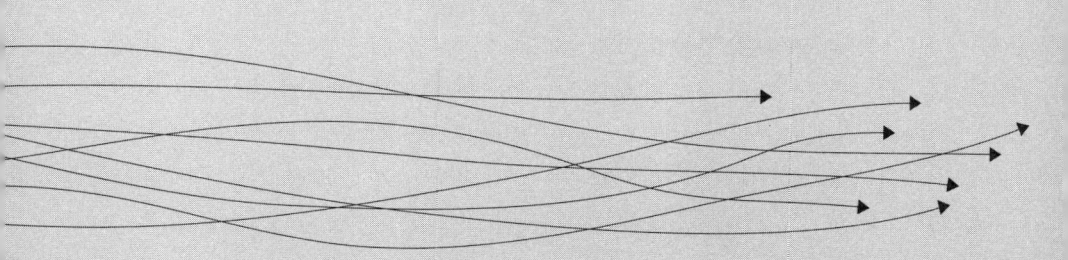

**訪問販売を展開する企業は
どのようにして
営業担当者を育て、
顧客の心をつかむのか?**

section 1 　訪問販売マーケティング

訪問販売の標的市場設定法

　ここでは、訪問販売での標的市場設定法について解説します。ポイントは、下記の2点です。
①新規顧客開拓でのローラー調査
②既存顧客のランクに応じたマーケティング展開

(1) 新規顧客開拓でのローラー調査
　ローラー調査とは、訪問地域内のすべての取引可能と考えられる潜在顧客を対象に集中的に調査し、総点検することです。この狙いは、訪問地域の実態を正確に把握して、具体的な標的顧客を明確化し、マーケティング戦略を立てるための情報収集です。業績向上にはローラー調査は必要不可欠です。
　ローラー調査の効果測定指標は、次のとおりです。
①新規開拓売上高目標＝売上高目標全体－既存顧客の売上高目標
②新規開拓件数＝新規開拓売上高目標÷新規開拓先の1件当たり平均売上高目標
③開拓予定リスト件数＝目標新規開拓件数÷新規開拓達成率

(2) 新規顧客開拓の留意点
①販売コストが低い
　販売コストとは、訪問コスト（交通費など）や配送コストなどです。マーケティング拠点からできるだけ近い距離の顧客を優先すると、コスト上優位となります。

②有望な開拓先である

　既存顧客を白地図にプロットすると、担当地域の中に空白地域が存在することがよくあります。空白地域の需要や人口・競合店の伸び等を分析すると、新たな開拓先の盲点が見つかります。

(3) 顧客のランク分け（優良顧客の選別）

　訪問販売では、顧客のランク分けが特に重要です。ルート・セールスにしても受注セールスにしても、マーケティング担当者は多くの顧客を担当しています。稼働時間のうち、訪問活動に費やす時間を考えると、顧客の価値に合わせて訪問回数を設定しなければなりません。

　ルート・セールス型の場合は、顧客への訪問を頻繁に行うため、顧客の情報は多く入手できます。顧客情報を適切な指標・基準で評価して、ランク分けを行います。ランクを決定する指標には、①売上高、②売上高伸び率、③粗利益率、④購入頻度などがあります。顧客や製品により重要性の要素が異なるため、指標の優先順位付けが必要です。

　一方の新規顧客開拓では、顧客の情報が少ないため、マスメディアやホームページなどで、顧客としての信用度を測ってランク分けします。ランクはそれほど細かくは分けず、3～5段階で評価します。

(4) 顧客ランクに基づいたマーケティング

　前期と今期の売上高の比較により、実践的な顧客管理が可能です。
①前年度と今年度の顧客別の売上高を算出します。
②前年度の顧客別の売上構成比を算出します。
③前年度と今年度の顧客別の売上高増加率を算出します。

　以上から、顧客別の寄与率を算出します。寄与率とは、売上高増加率が顧客ごとに、どのように分担されているかを表す指標です。算出式は、「②の売上構成比×③の売上高増加率÷100（％）」です。

以下に、計算例と計算結果のグラフを示します。

①Aゾーン-**最重要戦略ゾーン**
　寄与率・売上高ともに高い主力顧客です。訪問販売担当者は、このゾーンの顧客を育てなければなりません。
②Bゾーン-**重要戦略ゾーン（i）**
　寄与率は平均以下ですが、主力顧客として重点管理します。
③Cゾーン-**重要戦略ゾーン（ii）**
　寄与率・売上高ともに平均以上で、このゾーンも主力顧客です。
④Dゾーン-**個別検討戦略ゾーン**
　売上高は平均以上ですが、寄与率が平均以下の顧客です。寄与率の低迷原因を調査して、マーケティング活動を再検討します。
⑤Eゾーン
　売上高は平均以下ですが、寄与率が平均以上の顧客です。寄与率の増加原因を調査し、主力顧客として重点管理するかどうかを検討します。
⑥Fゾーン
　寄与率・売上高ともに平均以下の顧客で、現状のマーケティング活動で維持していく顧客です。
⑦Gゾーン
　寄与率は平均以上ですが、売上高が低い顧客です。現状維持を基本としたマーケティング活動を行います。
⑧Hゾーン
　寄与率・売上高ともに限界にある顧客です。マーケティング活動を継続するかどうかを検討します。

　各ゾーンに属する顧客を訪問地域に分けて、地域ごとに売上高を合計して割合を算出します。「どの地域が有望か」「どの地域にはどのゾーン

の顧客が多いか」などを分析して、地域別のマーケティング戦略を見直します。

図 5-01　顧客別寄与率の計算例

顧客	前年度売上高 （万円）	構成比 （％）	今年度売上高 （万円）	売上高 増加率（％）	寄与率 （％）
W	3,500	35	4,900	40	14
X	2,000	20	2,100	5	1
Y	4,000	40	3,600	-10	-4
Z	500	5	600	20	1
合計	10,000	100	11,200		

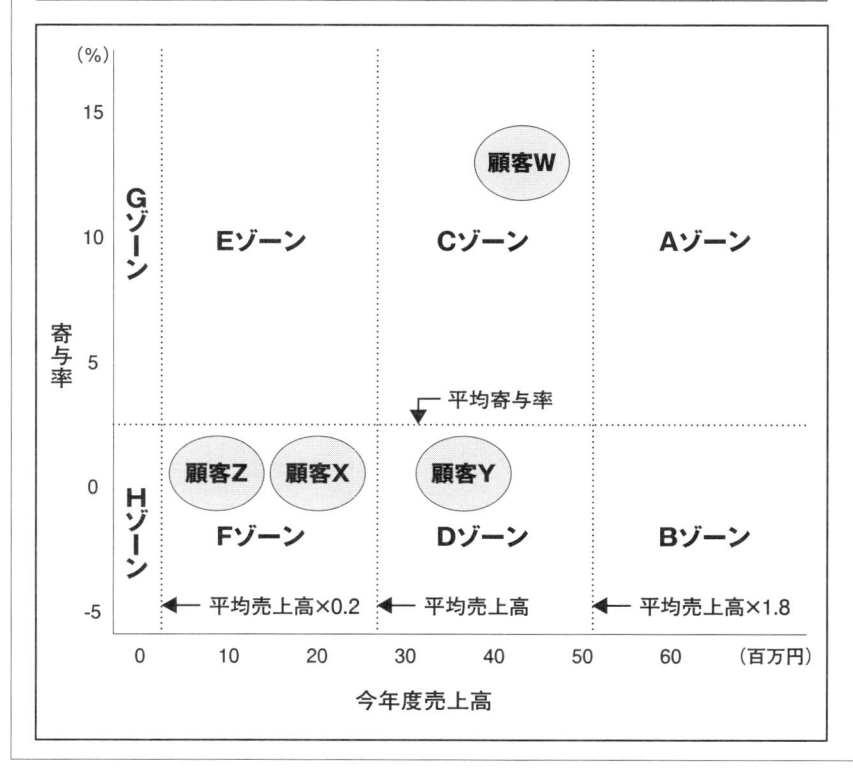

縦軸：寄与率（％）／横軸：今年度売上高（百万円）

- Gゾーン
- Eゾーン
- Cゾーン（顧客W）
- Aゾーン
- 平均寄与率
- Hゾーン
- Fゾーン（顧客Z、顧客X）
- Dゾーン（顧客Y）
- Bゾーン
- ← 平均売上高×0.2　← 平均売上高　← 平均売上高×1.8

section 2　訪問販売マーケティング
訪問販売の価値創造戦略

　訪問地域の調査結果や営業実績から、需要の存在が確認され、売れると見込まれる製品を企画して、根拠に基づいて、目標どおりに売り切る戦略が必要です。

(1) 訪問販売での製品戦略
①訪問販売マーケティングに向く製品
　訪問販売に向く製品は、物品（形のあるもの）は、大きく重いものよりも小さく軽い製品が採算上は有利です。ただし、大きく重い製品であっても、物流や在庫の適切な管理により、訪問販売を効率的に展開できます。
　市場の視点から考えると、顧客の状況が変わることにより、同じ製品が長く売れ続けるのが理想です。顧客と契約的な合意を取り交わして、期間を置いて契約更新するような製品が訪問販売に適しています。たとえば、生命保険や自家用車などです。
②訪問販売マーケティングの製品開発
　既存製品を、訪問販売に適したようにアレンジする方法があります。
a.アダプテーション（翻案）
　製品や付随サービスを組み合わせ、逆に製品の多機能を絞り込むことで、顧客に合った付加価値を新たに作り出すことです。仕様を変えてデラックス・バージョンを作ることもあります。
b.リポジショニング
　製品の核となる特性ではなく、付随機能に焦点を当てて製品の便益を

新たに作り出すことです。顧客の目に留まりにくい機能を改善することで、顧客の個別ニーズに対応する狙いがあります。

③製品の付随機能

訪問販売を行う製品には、次の付随機能を盛り込みます。

a.保証

期限付きの無料修理、交換、返品はどの企業でも行っています。

「無期限・無条件の保証」が可能であるならば、実現できるとブランド力が向上し、また顧客との信頼度が高くなります。無期限が不可能ならば、「長期（3～5年程度）」という考え方もできます。「無条件返品受け入れ」を可能にしても、それを悪用する顧客は意外と少ないものです。

b.試用

通信販売では、試供品の提供は行われていますが、訪問販売でも高い価値を産み出します。購入する前に使ってもらおうという姿勢が顧客の不安を取り除きます。訪問時に実物を提示できない製品や実際に試してみないと、価値がわからない製品に有効です。

c.初回購入のプレミアム

初回購入時の価格割引や通常より少ない数量の「お試し製品」を用意して、潜在顧客に「使ってみよう」という意識を喚起します。

④マーケティングと製品開発との連携

製品は、開発部門だけが担当するのではなく、マーケティング部門と開発部門との連携により、ニーズに合った製品を開発します。

マーケティング担当者は、顧客と直接的に接するため、顧客からの改良要求やクレームをダイレクトに受け取ることができます。訪問販売マーケティング担当者は顧客の表情や態度から、メールや文書では読み取れない情報を多く収集する能力が求められます。「お客様のクレーム」は単なる苦情ではなく、貴重な製品開発の情報ととらえています。

顧客からの情報を活かすには、マーケティング部門と開発部門とのコ

| 図 5-02 | 各部門の責任と共通責任 |

共通の責任
① 顧客の欲求・提案・クレームの理解
② 技術的課題と顧客欲求・提案・クレームとの調整
③ 商品改良目標の設定

開発部門の責任
① 中長期的な開発計画
② 競合他社との技術開発競争
③ 新製品開発に向けての既存製品の改良

マーケティング部門の責任
① 商品の活用方法
② 顧客のクレーム処理
③ 販売促進計画

ミュニケーション阻害要因を取り除くことが課題です。課題の克服には、顧客の声を代表するマーケティング・リーダーが必要です。マーケティング・リーダーは、開発部門を動かすノウハウと説得力を持つことが要求されます。

　具体的には、開発部門の組織文化を理解していること、開発予算の配分等の知識・権限を持っていること、本音で語り合える開発部門とのパイプを持っていることなどです。

(2) 訪問販売での価格戦略

　訪問販売マーケティングでの価格戦略も、他のダイレクト・マーケティングと大きく異なるわけではありません。

　ただ、訪問販売の場合、セールスパーソンが直接顧客を訪問し、個別対応で製品を販売・提供することが多いため、製品の付加価値は高くな

りますが、その分が価格に上乗せされるのが一般的です。

　たとえば、訪問販売化粧品の場合、顧客の自宅を訪問したセールスパーソンは、自社の製品を用いた、洗顔やマッサージ、メークなどのサービスを行いますが、通常これらのサービスは無料です。セールスパーソンは、サービスで使用した化粧品を顧客に推奨しますが、先ほどのサービス料金は、この化粧品の価格に上乗せされています。

　また、この場合、顧客が「高い化粧品は良い化粧品だ」という認識を持つのであれば、威光価格（名声価格）を設定することもできます。

section 3　訪問販売マーケティング

訪問販売の価値伝達戦略

　ここでは、訪問販売マーケティングでの価値伝達戦略について見てみましょう。訪問販売マーケティングの特徴は、セールスパーソンの訪問活動が製品の情報と製品自体の両方を届ける役割を担っている点です。つまり、訪問活動がそのまま価値伝達戦略に直結しています。

(1) 訪問活動のマネジメント
①ランク別の訪問基準の設定
　訪問時の成約率は、セールスパーソンの能力や資質に大きく左右され

図5-03　顧客ランク別訪問基準の例

ランク	点数	訪問回数	1回当たりの訪問時間
S	85〜100	月4回	40〜60分
A	70〜84	月3回	30分
B	50〜69	月2回	20分
C	0〜49	月1回	10分

ますが、訪問回数と売上高は正の相関関係にあります。受注セールス型は新規顧客の開拓が主体であるため、業績と訪問回数の相関関係は、ルート・セールス型よりも強く表れます。

一方のルート・セールス型でも、訪問エリア内では常に他社との競合が常に発生しています。競合他社が契約する前に受注を獲得するには、訪問回数を多くすることが必要です。

「顧客のランク分け」について前述しましたが、そのランクに応じて訪問基準を設定します。売上高、売上高伸び率、粗利益率、購入頻度などの指標で評定し、総合点数に応じて、一定期間当たりの訪問回数と1回当たりの訪問時間を決定します。

②月次・週次・日次の管理サイクルを回す

顧客ごとの訪問回数、訪問時間を設定したら、顧客の住所をもとに、巡回ルートを考慮して月間と週間の訪問計画を作成します。

月間訪問計画で訪問日を管理し、週間訪問計画で訪問時間を管理します。想定外の事態が起こり、月間計画に狂いが生じた場合は、週間計画で修正します。日々の営業活動を整理・評価するために、営業日報を作成します。営業日報作成のメリットは、次のとおりです。

①営業活動の足跡がわかり、自分の営業の特徴を把握できます。
② マーケティング部門の貴重な情報資産になります。

(2) 商談時の話法

①応酬話法

顧客から質問、反論、断りの言葉が出た場合、話を引き継いで、商談成立に持っていくことが要求されます。顧客への切り返しには、次のような方法があります。

a.イエス・バット法

応酬話法の最も基本的な技法です。応酬話法とは、ビジネス会話での

話法のことです。相手の意見をいったん受け入れたうえで、「お客様のおっしゃるとおりです。しかし…」と対応する技法です。「顧客の意見を肯定的に聴いた」というメッセージが伝わることにより、相手を話の舞台に再度乗せるようにします。

b. データ活用法

　こちらの説明の信憑性を上げる技法です。具体的な数値（製品の機能がわかるデータ）や、新聞・雑誌などの記事を提示したり、「A社ではこのような効果がありました」などのように、具体的な情報を使いこなすようにします。

c. 質問法

　顧客の意見が抽象的あるいは一方的な場合、話の本質を探るために、さまざまな視点から質問をぶつけて、顧客の話を掘り下げます。

②**製品説明**

　製品をうまく説明するには、製品知識を十分に習得しておくことが大前提です。製品知識を、コトラーの「製品の3層構造」に従って整理すると、次のように体系化することができます。

a. 中核…当該製品が顧客に与える便益（ベネフィット）や問題解決等のこと

b. 形態…中核を具体的に表現した実態部分のこと。具体的には、特徴、スタイル、ブランド名、パッケージ、品質水準等

c. 付随機能…形態に伴って提供される付随的なサービスや便益のこと。アフター・サービスや品質保証、配達、信用供与（掛け売りなど）、設置や取り付け等

　上記の3点は、カタログやパンフレットで頭に入れておくことが先決です。また、顧客に売り込みたいポイントを選択しておくことも必要です。

　頭に入れるためには、自分なりの資料づくりが有効です。製品の機能

を独自の文章や図に整理することで、知識を「見える化」します。当該製品のメリット、デメリット、他社製品との比較を中心に整理すると、顧客の視点に立った製品説明を行うことに役立ちます。

③クロージング

クロージングとは、商談でのゴールである「成約」のことです。クロージングでは、タイミングを的確に見分けることと、適切な方法を選択することが重要です。

a.クロージングへの移行

顧客の表情やしぐさから、購買の決心をしたことを読み取ってクロージングに入ります。

- 価格や支払条件など、購入を前提とした質問をする
- 身を乗り出し、うなずきが大きくなる
- 他のユーザーの評価を質問する
- 製品の設置場所を考え始めた

b.クロージング時の話法

クロージングには、さまざまな話法が用いられます。

- 二者択一法…「タイプAにしますか、タイプBがよろしいですか」のように、相手に選択するよう誘導する方法
- 推定承諾法…「今日は契約書を持ってきております」のように、購入の承諾を得たと仮定して、顧客が肯定するように誘導する方法
- 優位性強調法…「一大キャンペーンをやっておりますので、お客様の指名買いが期待できます」のように、購入するメリットを指摘する方法
- 肯定的暗示法…「色は5色そろっています」「価格も手ごろです」のように、メリットを一つひとつ確認しながら成約に持ち込む方法

section 4　訪問販売マーケティング

訪問販売の事例①

　ここでは、生命保険代理店での訪問販売のマーケティング事例を紹介します。

(1) 企業のプロフィール

　A社は、大都市に拠点を置く生命保険・損害保険の代理店です。全国26ヶ所に営業拠点を持ち、事業内容は次のとおりです。
①生命保険の募集に関する業務、損害保険代理業務
②生命保険会社および損害保険会社に対する特定証券業務の委託の斡旋および支援
③付帯関連する一切の業務

　A社の特徴の1つは、数多くの保険会社と代理店契約を結んでいることです。豊富な製品群の中から顧客のニーズに合った製品を選択し、提案できることが強みです。

(2) マーケティングの展開方法

①知り合いをベースにする

　友人・知人・親戚など、親しい人からアプローチします。これらの人を「イニシャル・マーケット」と呼んでおり、「生命保険の営業を始めたこと」を伝え、協力を要請します。その際、契約締結も重要ですが、最も重要なのは、「必ず他の人を紹介してもらう」ことです。

　人と人との連鎖を拡大することが、A社のマーケティングの基本戦略です。

図 5-04　イニシャル・マーケット

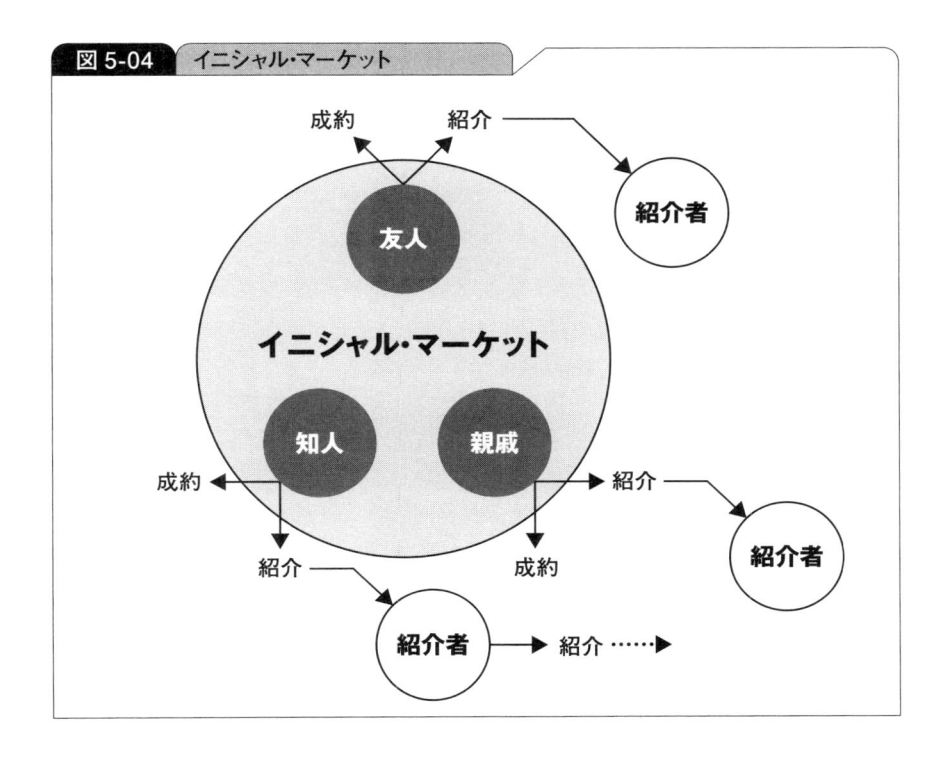

［図：イニシャル・マーケット（友人・知人・親戚）から紹介者への「成約」「紹介」の連鎖］

②さらに人の連鎖を拡大する

　民間のさまざまな研究会や交流会に積極的に参加し、人の連鎖を増やしていきます。それらの集まりや定例会などで、生命保険の講演や発表を行い、「保険のプロフェッショナル」であることをアピールします。「生命保険で困ったことは○○に相談しよう」と思ってもらえる人をできるだけ多く持つことが、業績向上の鍵です。

　「生命保険のプロとしてのパーソナルブランド」を確立して、多くの人に広めることがマーケティングの基本戦略となります。「生命保険を売る」のではなく、「自分を売ること」が、Ａ社でのマーケティングの成果を上げる秘訣です。紹介者の連鎖が大きくなるほど、成果は相乗的に上がります。

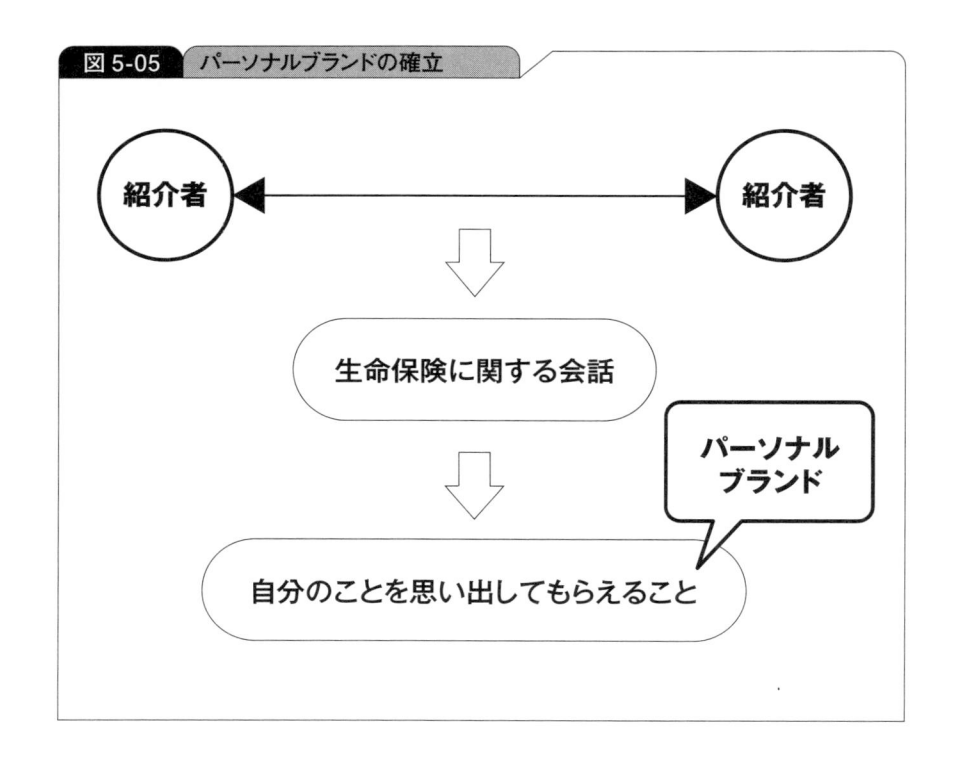

図 5-05　パーソナルブランドの確立

紹介者 ◀――――――――▶ 紹介者
　　　　　　　⇩
　　　生命保険に関する会話
　　　　　　　⇩
　　自分のことを思い出してもらえること　← パーソナルブランド

③紹介者を協力者に転換する

　紹介してもらった人に「生命保険のプロ」としてのパーソナルブランドが浸透してくると、紹介者と紹介者の友人との間で、生命保険の会話になったときに、自分を紹介してもらえるようになります。「生命保険なら、○○さんに相談するといいよ」、あるいは「A社のホームページを見るといいよ」という行動を紹介者が起こしてくれます。「口コミ」が広がっていくのです。

　A社のホームページには、企業情報・製品情報だけでなく、生命保険の活用法やさまざまなコラムが掲載されており、セールスパーソンの「人となり」がわかる内容となっています。プロモーション(広告)ではなく、

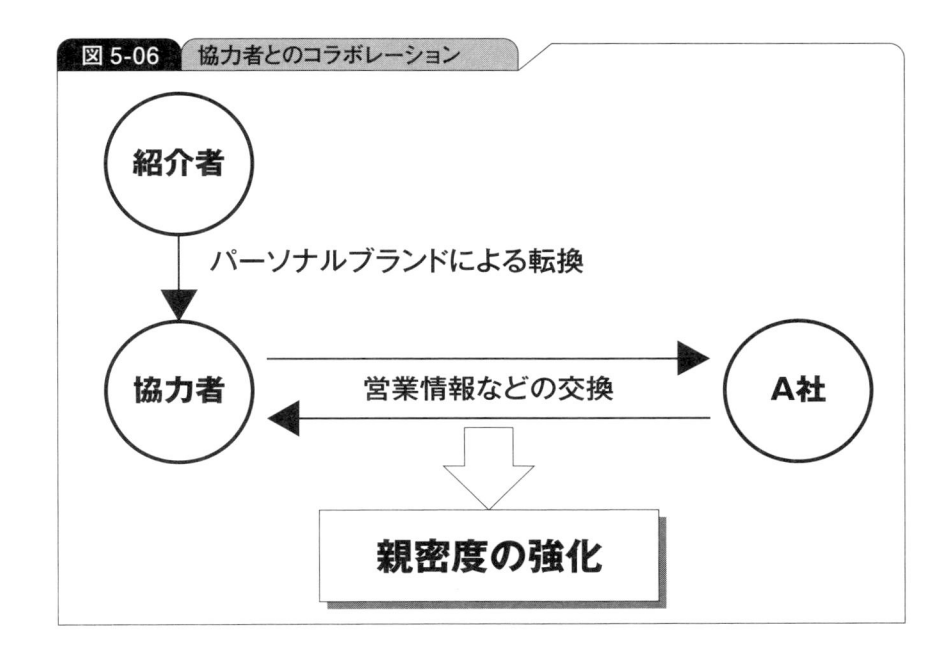

図 5-06　協力者とのコラボレーション

```
紹介者
  │
  │ パーソナルブランドによる転換
  ▼
協力者 ←――― 営業情報などの交換 ―――→ A社
  │
  ▼
親密度の強化
```

インフォメーション（情報）が豊富にあるため、「一度相談してみよう」という気にさせるサイトになっています。コラムは月1回ペースで更新されており、継続的にアクセスする人も多数います。

④協力者との親密度を高める

協力者には、他業種のセールスパーソンや税理士などさまざまな職種の人がいます。生命保険の引き合い情報をもらうとともに、相手に各種の情報を伝える、ギブ・アンド・テイクの関係を構築することで、協力者との親密度を高めていきます。

⑤商談時の留意点

A社では、「生命保険は資産運用の手段である」ことを前面に押し出しています。保険に加入しようとしたきっかけや目的を最初に聞き出し、その目的を達成できる保険商品を選択し、設計するコンサルティング営業を心がけています。

section 5　訪問販売マーケティング

訪問販売の事例②

　ここでは、携帯電話iモードを活用した銀行と生命保険会社の事例を紹介します。

(1) B銀行の事例
①iモードを活用

　B銀行は、個人客を戸別訪問する際、NTTドコモが提供するiモードを活用して、各種情報提供を行っています。iモードを活用すると、営業支援が比較的低コストで実現でき、常に最新の情報を顧客に提供できるため、即時性に優れています。iモードによるサービスは全営業店で展開されています。

　戸別訪問でiモードを使用したのは、B銀行がはじめてです。システム導入の目的は、「個人向け金融サービスの強化」です。

②サービスの機能

　携帯電話の画面上で、各種の情報が閲覧できます。具体的には、投資信託の運用状況、預金金利、税金、年金、不動産の情報などです。顧客の資産運用や財産相続のシミュレーションができるアプリケーション機能もあります。

③iモード活用の成果

　顧客にとって有益な情報を土産として持っていくことで、顧客からの信頼度が向上します。携帯電話という身近な装置を使って、さまざまな情報がやりとりできます。

④サービスの特徴

iモードに投資信託の運用状況や預金金利、税金、年金、不動産の情報や、資産運用や財産相続のシミュレーションなどは、戸別訪問した際、行員が提供します。

　投資信託の運用状況や金利、資産運用のシミュレーションなどの金融情報は、インターネット上に豊富にあります。顧客自身がインターネットの検索ができれば、自分で必要な情報を収集・整理することができます。

　しかし、すべての人がiモードやインターネットを使いこなしているわけではありません。特に高齢者や主婦にとって、膨大な金融情報から欲しいデータを検索することは難しいものです。

　金融関連の情報を検索・収集することは複雑で時間がかかるものです。また、iモードやインターネットを使いこなせない人に対して威力を発揮するシステムです。

　特に高齢者の平均貯蓄額はかなり高く、B銀行にとって、高齢者は重要な顧客と位置づけています。

　このシステムの最大のメリットは、「顧客にとって有益な情報を訪問の土産として持っていく」ことです。自ら検索した情報よりも、金融のプロが持ってくる情報のほうが有益で信憑性も高く、顧客にとって金融商品に対する不安感を取り除く効果があります。

　行員の立場に立つと、顧客一人ひとりの「有益な情報とは何か」という問いに、的確に答えられる情報を選択する能力が求められます。

　訪問販売では、「買ってください」というだけの訪問では、迷惑訪問ととられてしまうことがあります。そうなると、営業の成果が上がりません。「訪問には土産が必要」であり、B銀行の土産はiモードを活用した「顧客にとって有益な情報」です。

(2) 生命保険の事例

①iモードによる営業支援システム

　C生命保険は、「iモード」を端末として使う営業支援システムを活用しています。

　このシステム稼働以前は、商談の進捗状況を紙の日報で管理していたため、営業職員一人ひとりの状況が把握しにくい状況にありました。

　iモードを選んだ理由は、営業職員が外出先で手軽に使える点を評価したからです。実際に、30歳から50歳代の女性営業職員は、抵抗なくシステムを受け入れました。

　iモードの携帯電話の機種は、1つに統一しています。機種を統一することにより、各営業職員に配布するマニュアルの整備を効率化しているのです。

　営業支援システムの狙いは、各営業職員の商談履歴を一元的に管理することです。iモード携帯電話から入力してもらった履歴データを、営業所の管理職がパソコンで分析し、営業所全体の営業計画の立案や、各営業職員に対する指導に役立てています。

　たとえば、商談が滞りがちな営業職員をいち早く発見し、効果的な営業手法をアドバイスする、といったことができます。

　営業職員は、入力した履歴データを自分の携帯電話から閲覧できますから、顧客を訪問する前に、前回の商談内容を確認することで、より適切な営業活動ができます。

　履歴データは、iモード携帯電話のテンキーから、簡単に入力できるように工夫されています。「顧客へのアプローチ」「保険商品の説明」「見積書の提出」といった典型的な商談内容を携帯電話の画面に表示し、その中から該当する項目を選択する方式を採用しています。営業職員がテンキーから入力するのは、訪問時刻や商談に要した時間など、最小限の項目だけで済みます。

②その他生命保険会社のiモード活用事例
a.生命保険会社X社の事例
　営業職員に対して、iモードを利用して顧客とのアポイントをとりやすくしました。また、加入前の健康診断を依頼する契約医院を検索するシステムを導入しています。
b.生命保険会社Y社の事例
　iモードを利用した営業支援情報の提供を行っています。同社のホストコンピュータ上で稼働している営業支援システムの機能の一部を、iモードでも使えるようにしたもので、保険料の試算、契約内容の紹介、企業住所の検索、顧客訪問タイミング情報の検索などができます。
③生命保険各社でのiモード活用の共通点
　ここでは、生命保険会社3社の事例を取り上げましたが、顧客の利便性を追求している点で共通しています。
a.訪問先の顧客に有益な情報を、iモードという普及したインフラを使って提供する
b.加入前の健康診断がその場でできる
c.訪問先で、保険契約内容のシミュレーションができる
　特にcについては、このシステム稼働前は、顧客の要望を聞いて、いったん会社に戻ってから保険の設計書を打ち出し、あらためて先方に出向くという段階を踏まざるを得ませんでした。しかしiモード活用により、訪問回数が少なくて済むようになり、顧客満足度も向上しています。

section 6　訪問販売マーケティング
訪問販売の事例③

　ここでは、中小企業での訪問販売マーケティングの事例として、電気工事店と酒販店の事例を紹介します。

(1) 電気工事店D社の事例
①企業概要
　D社は、大都市郊外にある電気・空調関連の工事を主力事業とする中小企業です。主力製品は、次のとおりです。
a.法人向け
- 電気設備（高圧・低圧）
- ビジネスホン・LANネットワーク
- アンテナ
- 共聴設備
- 空調設備

b.個人向け
- 省エネ製品
- オール電化製品

　会社設立当初は、空調工事専門でしたが、徐々にサービスラインを拡大し、2008年度から個人宅向けの販売部門を創設しました。

②工事の技術品質
　D社の電気・空調などの工事サービスは大手メーカーから受注し、現場に出向いて工事を行っています。D社の技術レベルは高く、元請会社から表彰されるなど、高く評価されています。

工事現場での工事担当者の態度、言葉遣いなどの教育が徹底されており、「顧客の気持ちが和らぐ」接客レベルを実現しています。技術品質の高さは顧客からのクレームが他社に比べて極めて少ないという結果に表れています。電気・空調・通信の工事が可能なため、施設工事のワンストップサービスができることも、D社の大きな強みとなっています。

③リピート受注の増加

高い工事技術をもとにした、正確かつ丁寧な工事と気持ちの良い接客により、「次の工事もD社にお願いする」という顧客が増えています。D社では、現場の工事が営業の機能をも兼ねています。

④個人向け製品の販売

個人向けには、オール電化製品を販売しています。社員2名が、一戸建て住宅を回る体制をとっています。迅速な対応に徹するため、訪問地域はD社から車で30分程度の範囲としています。

工事部門と同様に、丁寧な挨拶と言葉遣いを徹底しています。オール電化製品は大手家電量販店と競合しており、販売価格はどうしても大手よりも高くなります。不毛な価格競争を仕掛けるのではなく、「商品を売る」のではなく、「人で売る」戦略を基本としています。訪問先では、顧客の家の状況を詳細に聞き出し、コスト面や環境面の優位性を具体的に伝える提案営業を展開しています。

⑤技術力・人間力の向上への取り組み

D社では強みを活かし、さらに伸ばすために、次の取り組みを行っています。

a. 電気工事士などの資格を多く取得し、ワンストップサービス体制をさらに強化する。資格取得に向けて定期的に勉強会を実施する
b. 工事後に顧客からアンケートをとり、改善点を見つける
c. 成功事例・失敗事例を社員全員で共有化し、クレームゼロを達成する
d. 工事技術・ノウハウをマニュアル化して、研修会を開催する

⑥今後の課題
　個人向け製品販売体制の充実に取り組んでいます。現状は、社員2名が他業務と兼任で行っていますが専任の人員を確保し、受注を増やすことが課題となっています。

(2) 外回りで製品提案力を発揮するE酒販店の事例
　E酒販店は、大都市中心部にある酒販店です。店の周りは、最近マンションが増えており、中小の工場が多く集積しています。

　E酒販店は、顧客のデータベースを整備しており、随時メンテナンスを行い、得意先管理は徹底されています。得意先数は数百人におよびますが、社長は電話で注文が入ると、声を聞くだけで相手の顔と名前が思い浮かべられます。

　外回りは、社員2名に任せています。「御用聞き」ではなく、製品の提案を行うことを徹底しています。「今、○○が話題になっています」、「△△は、テレビで健康に良いといっています」という提案営業スタイルは、社長から引き継がれたものです。

　店舗は、バス通りから入ったところにあり、立地は良いとはいえませんが、徹底した顧客管理、提案営業、配達により繁盛店となっています。

(3) 提案・アドバイスを行うF酒販店の事例
　F酒販店は、最寄り駅から徒歩で10数分の幹線道路沿いにある酒販店です。顧客は飲食店が中心で、業務用販売が売上高全体の70％を占めています。顧客は車で買いに来てくれるため、原則として配達は行っていません。

　社長は、「酒は料理の引き立て役」という考えを持っており、料理と酒との相性に関する豊富な知識を持っています。

　社長は、時間を見つけて、得意先の飲食店に積極的に出向いています。

実際に料理と酒を注文して、料理と食材との相性に関する提案とアドバイスを行うよう心がけています。

提案・アドバイスの源泉は、社長の研究熱心さにあります。自ら蕎麦を打ち、蕎麦に合う酒の研究を続けています。

(4) 仕入先開拓に取り組むG酒販店の事例

ここでは、訪問による仕入先開拓の事例を取り上げます。G酒販店は都市郊外にある地酒専門店です。創業当初は、酒、米、食品を扱う一般酒販店でしたが、売上・利益の減少に直面し、地酒専門店に転換しました。転換当初の品ぞろえは、問屋や紹介で仕入れた地酒中心でしたが、自ら蔵元を開拓するようになりました。

展示会や利き酒会に参加して、出会った人々から人気の蔵元や銘柄の情報を集めています。取引したい蔵元には直接出向き、店舗の魅力を説明して仕入れ交渉を行っています。

どうしても仕入れたい蔵元には、手紙を送って熱意を伝え、貴重な銘柄の仕入れに成功しています。

社長自ら仕入先を開拓し、顧客に自信を持って勧められる地酒を仕入れ、販売していくことが重要と考えています。近年は、焼酎の取扱いも開始し、持ち前の行動力で新規取引先を開拓しています。

section 1　自動販売機マーケティングの標的市場設定法
section 2　自動販売機マーケティングの価値創造戦略
section 3　自動販売機マーケティングの価値伝達戦略
section 4　自動販売機マーケティングの事例

PART 6
自動販売機マーケティング

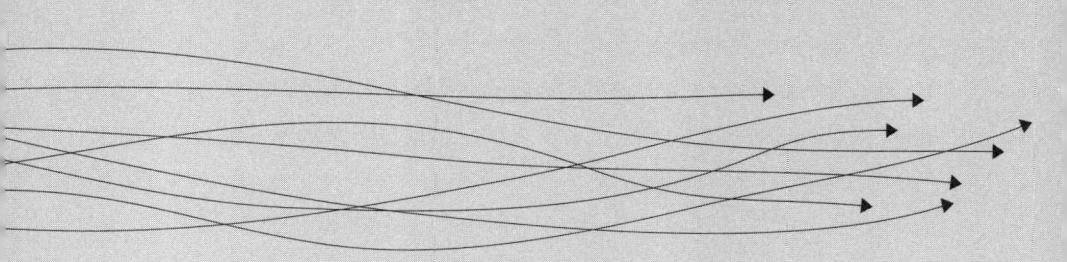

自動販売機を用いた
営業活動の実態を眺め、
「勝ち組企業」の事例に学ぶ

section 1　自動販売機マーケティング

自動販売機マーケティングの標的市場設定法

　自動販売機マーケティングでの標的市場は、「インドア」と「アウトドア」に大別されます。また、その標的市場内での設置場所（ロケーション）によって、売上が大きく異なってきます。ここでは、それぞれの標的市場の特徴、また設置に至るプロセスを見てみましょう。

(1) インドア市場の特徴
　インドア市場とは、オフィスや商業施設、学校内など、人々が仕事や生活をする場所のことです。インドア市場には、次のような長所・短所があります。
①長所
a.事前に利用対象人数がある程度把握可能であり、売上の予測が立てやすい
b.天候に左右されにくく、安定した売上が確保できる
c.他業態（特にコンビニエンス・ストア）と競合することが少ない
②短所
a.稼働日数・稼働時間に制限がある
b.設置先の移転・事業撤退などの影響が大きい

　なかでもオフィスは、業界では「職域」と呼ばれており、男女雇用機会均等法の浸透による女性従業員のお茶くみの廃止、ヒューマン・リソース・マネジメント（人的資源管理）の観点から、リフレッシュスペース設置などの要因により、自動販売機の需要は拡大しています。IT関連企業や夜勤のある工場、物流ターミナルなど長時間働いている人がおり、

図 6-01 株式会社エーエム・ピーエム・ジャパンのオートマチック・スーパー・デリス(自動販売機型無人コンビニ)

出典:株式会社エーエム・ピーエム・ジャパンホームページ(http://www.ampm.co.jp/home.html)

活動している業態・場所が有望なロケーションです。在籍人数は多いにもかかわらず、外勤交代制の営業職が多い事務所は、あまり期待できません。

　株式会社エーエム・ピーエム・ジャパンは、オフィスで働く人々の需要に幅広く対応可能なオートマチック・スーパー・デリス（自販機型無人コンビニ）を新規事業として展開しています。

(2) アウトドア市場の特徴

　アウトドア市場とは、不特定多数の人が多く通行し、また集まる場所です。アウトドア市場には、次のような長所・短所があります。
①長所
　a.基本的に24時間・365日稼働する
　b.通行する人・集まる人の衝動買いが期待できる

②短所
　　a. 梅雨など天候が不安定な時期は、売上が低迷する
　　b. コンビニエンス・ストアと競合することが多い

　日本は、治安の良さもあり、アウトドア市場での自販機の設置台数は世界No.1です。具体的なロケーションとして、観光スポットやイベント会場、学校・事務所・駅の周辺などがあげられます。ロードサイドは、交差点の手前よりも、車が止めやすい交差点の先への設置が有効です。

　コンビニエンス・ストアは、①人々の生活圏に存在し、②24時間営業が自動販売機と共通しており、③品ぞろえが豊富であり、④ワンストップサービスを提供している、といった点で自動販売機よりも選択性・利便性が高くなっています。

　アウトドア市場では、コンビニエンス・ストアが出店していない場所や、人々が仕事や生活をする場所からコンビニエンス・ストアまでの間が、自動販売機が強みを発揮できるロケーションです。

(3) 設置に至るプロセス

　一般的なプロセスは、図6-02のとおりです。

　①のロケーションでは、インドアでは既存・新規のオフィスビル内の収容人員数、アウトドアでは交通量調査など、そのロケーションの人数のストック・フローを中心に調査を行います。

　②のアプローチおよびヒヤリングでは、ロケーションに関するキーマンである最終意思決定者にアプローチできるかどうかがポイントです。新規のオフィスビルや商業施設では、設計段階から迅速にアプローチすることが、競合他社との差別化に有効です。

　③の提案・コンサルティングは、特に多くの売上が期待できるロケーションの獲得で、競合他社との差別化を図るうえで重要なファクターです。②のヒヤリングでの先方の要望、たとえば壁面組み込み機やカード

図 6-02　自動販売機設置のプロセス

①ロケーション調査、または設置依頼者からの連絡
↓
②アプローチおよびヒヤリング
↓
③提案・コンサルティング
↓
④商談成立・契約
↓
⑤自動販売機設置

　決済機の導入、ロケーションフィー（マージン）の割合、設置後の管理オペレーションなどに対して、顧客利益の視点からのトータルコーディネート提案が差別化につながります。自社単独での提案が困難な場合には、競合他社を取り込んだ共同提案も必要です。
　④商談成立・契約の後、⑤自動販売機設置となります。設置後も、管理オペレーション担当者が、売上管理・代金回収・釣り銭補充・製品補充・空缶ゴミ回収・清掃などを行い、またロケーション・オーナーや購買者の意見や要望を反映し、製品の入れ替えやHOT/COLDの切り替えを行って、パー・マシン（1台当たり売上）の最大化を図ります。

section 2　自動販売機マーケティング

自動販売機マーケティングの価値創造戦略

　日本では、清涼飲料・たばこを中心に自動販売機ビジネスが発展してきました。その理由として、①最寄品（日常的に高頻度で購入される製品）であること、②どこで買っても同じ品質であること、③消費・賞味期限が長いこと、④その場消費型製品（特に清涼飲料）であること、⑤手持ちのコインで気軽に買えること、などをあげることができます。

　ここでは、「製品戦略」と「価格戦略」に分けて、これまでと今後について見ていきます。

（1）製品戦略

①従来の製品戦略

　日本で清涼飲料・たばこを中心に、自動販売機ビジネスが発展してきた理由は、各飲料メーカーが自社製品を拡販する「販売ツール」として、戦略的に活用してきたことがあげられます。特に清涼飲料は、HOT/COLD対応、PET・紙・カップ容器対応といった、消費者ニーズに応じた継続的な技術革新により、販売できる製品カテゴリー・アイテムを拡大してきました。

　パー・マシンの向上には、消費者ニーズに合った品ぞろえが必要です。一般的には、女性が多いロケーションでは、無糖飲料・紅茶飲料・野菜飲料など、男性が多いロケーションでは、缶コーヒー・炭酸飲料・栄養飲料などを中心とした品ぞろえが有効です。株式会社ブランディングが展開し、同社が運営する「girlswalker.com」（日本最大級のモバイルファッションサイトで、ファッショントレンド情報、芸能情報、携帯オー

クション、お天気、占い、人気着メロをiモード、au、Softbankの端末ですべて無料で利用できる）と連動した自動販売機では、10代〜20代女性をターゲットとし、お茶やミネラルウォーターなどの品ぞろえを充実させています。

　コンビニエンス・ストアと競合するロケーションの場合、品ぞろえ上の差別化を図るために、コンビニエンス・ストアに導入されていない製品を優先的に展開するケースも見られます。地場メーカーの飲料製品を中心とした品ぞろえを行い、大手飲料メーカーとの差別化をセールスポイントとして事業活動を行う、新たな専業オペレーターも出現しています。

　アメリカでは、食品（菓子・アイスクリームなども含む）の自動販売機は約160万台普及し、全機種の中で20％強を占めています。日本では、約9万台・2％弱の構成比しかありません（アメリカは2006年末・日本は2007年末のデータ）。製品特性上の理由もありますが、飲料メーカーと違い日本の食品メーカーのマーケティング戦略の中で、自動販売機という「販売ツール」の位置付けが低かったことが主要因です。ビジネス・ホテルなどでよく見られたカップラーメンの自動販売機も、コンビニエンス・ストアの進出に影響を受け、徐々に姿を消しています。一方、最近、秋葉原での好調な販売で話題になった「ラーメン缶」「おでん缶」「瓶詰めキットカット」など、すでに市場に出回っている飲料自動販売機の仕組みに対応できる製品開発・販売を食品メーカーが検討・実践しています。

　コンビニエンス・ストアと競合することが多い自動販売機ビジネスですが、裏を返せば、コンビニエンス・ストアで導入されている多くの製品は、自動販売機のさらなる技術革新や規制緩和などを前提として、ビジネスとして成立する可能性があります。大衆薬やペット関連製品など、緊急性の高いもの、コンビニエンス・ストアでの品ぞろえが限定的なも

PART6　自動販売機マーケティング

のは、ロケーションにもよりますが、比較的高いパー・マシンが期待できます。

②今後の製品戦略

　今後の製品戦略では、市場が成熟する中で、消費者ニーズの多様化にきめ細かく対応する、「あそこの自動販売機でしか買えない」製品の開発および品ぞろえを強化し、他業態、特にコンビニエンス・ストアとの差別化を図っていくことが肝要になります。

　提供するものは、製品（モノ）に限りません。コイン・パーキングやコンビニエンス・ストア店内に設置されているマルチ・メディア端末に見られるように、自動販売機に似たシステムでサービス（コト）を提供するケースも多く見られます。清涼飲料の自動販売機が電気自動車の電源供給ステーションになるなど、今後はモノ・コト両方を提供する、消費者にとって利便性・付加価値の高い製品（サービス）戦略も重要です。

(2) 価格戦略

①従来の価格戦略

　自動販売機の価格は、基本的に定価販売であり、缶・PET飲料市場では、現在でもコカ・コーラをはじめとする大手飲料メーカーが市場での販売価格のイニシアティブを握っています。しかし、消費税導入・税率引き上げやスーパーマーケット、コンビニエンス・ストアのバイイング・パワーの拡大、メーカー間の競争激化による流通余剰在庫の発生などにより、従来よりも販売価格にバリエーションが出てきました。100円均一や30円・50円といった、常時ディスカウント価格で製品を提供する自動販売機が出現してきており、消費者は製品に加え、価格も購入の際の選択基準となりつつあります。

②価格戦略の今後の方向

　カップ式自動販売機では、従来、ロケーションに応じた柔軟な価格戦

図 6-03　カップ式コーヒー自動販売機と缶飲料自動販売機の採算性

カップ式コーヒー自販機の場合の例

売値	100%
手数料（ロケーションフィー）	30.8%
純売値	69.2%
原価	19%
粗利	50.2%
経費	29%
償却前利益	21%
償却費	15～16%
純益	5%

※1杯100円とすると純益は5円

缶飲料自販機の場合の例
（自販機は中身商品メーカー貸与）

売値	100%
手数料（ロケーションフィー）	21%
純売値	79%
原価	61%
粗利	18%
経費など	17%
純益	1%

※純益は、1缶100円とすると1缶あたり1円

出典：ベンディングマシーン・マーケティング研究会編・著『自販機マーケティング』ダイヤモンドフリードマン社

略が採用されています。これは、PET飲料とカップ式飲料とでは、原価率・粗利益率が大きく異なることが要因です。会社の福利厚生の一環として、無料および安価で従業員に提供するケースも見受けられます。

　自動販売機の技術革新・普及が、価格戦略を多様化させる可能性もあります。電子マネー・携帯クレジット決済対応機の普及は、実質的に端数価格での販売が可能となり、価格バリエーションが飛躍的に拡大する可能性があります。また、プライス・タグのデジタル化によって、深夜割引など、時間帯別に販売価格を変更して販売促進することも可能になります。

　現時点では、缶・PET飲料は定価販売、カップ式飲料はコスト・需要・競争に基づいた価格戦略が基本ですが、今後は缶・PET飲料市場でも、コスト・需要・競争を考慮した価格戦略を積極的・柔軟的に行うことが必要になります。

section 3　自動販売機マーケティング

自動販売機マーケティングの価値伝達戦略

　日本での自動販売機ビジネスでは、黎明期からコカ・コーラグループが市場を牽引してきました。消費者の生活インフラの一部となった現在、環境・社会問題への積極的な対応が必要になってきています。

　ここでは、「情報伝達戦略」と「製品伝達戦略」に分けて、これまでと今後について見ていきます。

(1) 情報伝達戦略

①これまでの情報伝達戦略

　自動販売機は、消費者にその存在を認知してもらうことが必要です。コカ・コーラの真っ赤な自動販売機は、消費者の目を引きます。その横に、ブルーのジョージアの自動販売機を置くことで、さらに存在感が増し、認知度も上がります。これは、マルチ・オペレーション（複数台設置）と呼ばれる手法であり、単独設置と比較してパー・マシンが向上する効果があります。強力な製品ラインナップ・営業力（ルート・セールス方式）を保有するコカ・コーラ・グループならではの手法です。

　また、常に消費者に新鮮な製品情報を提供するためには、年4～6回棚割りを変更することが必要です。その際には、スーパーマーケットやコンビニエンス・ストアでの陳列と同様に、製品のカテゴリー化やPOPの設置、客動線、ゴールデン・ゾーンの考慮など、インストア・マーチャンダイジングの考え方に基づく棚割りが効果的です。専業オペレーターは、契約している飲料メーカー各社の売れ筋製品を集中的に並べられる（ヒットパレード方式）、というメリットがあります。

自動販売機を、製品を販売するだけでなく、消費者の身近なメディアとして活用する事例があります。先述の「girlswalker.com自販機」では、人気アパレルブランドとのコラボレーションアイテムのPR・販売、girlswalker.comとの連動広告・キャンペーンなど、「IT連動型自販機」として展開しています。また電子マネー・携帯クレジットシステムを活用した、消費者とのコミュニケーションおよびカスタマー・リレーションシップ・マネジメントへの応用が、業界内で検討されています。

②新たな情報発信対応

　環境的・社会的要請にも、継続的な自動販売機の技術革新により、積極的に対応し、情報発信しています。

a.未成年者対策…たばこ・酒自動販売機の深夜の稼働停止、taspoによる成人識別機能付きたばこ自動販売機、改良型酒自動販売機の普及など

b.社会貢献…災害対応機（災害時に文字情報を表示する仕組みが組み込まれた自動販売機）、ユニバーサル・デザイン機の普及、住所表示ステッカーの貼付など

c.環境問題…省エネ対応機・ノンフロン自動販売機の普及、リサイクル推進、廃棄の適正処理など

d.安全対策…転倒防止、防犯、食品衛生対策など

　今後は、消費者との双方向コミュニケーションツールとしての活用、継続的な環境的・社会的要請への対応をさらに進めることにより、消費者から見た生活インフラとしての存在価値を向上させることが大切です。

(2) 製品伝達戦略

　1960年代に、セルフ販売方式・チェーン・オペレーションを核とするアメリカ発の小売業多店舗展開手法が日本に導入されました。自動販

| 図 6-04 | 飲料メーカーの自動販売機総展開台数（2006年末現在） |

	メーカー名	自販機総展開台数 （2006年末現在）
1	コカ・コーラグループ	85万台
2	サントリーフーズ	42万台
3	ダイドードリンコ	28万台
4	キリンビバレッジ	20万台
5	アサヒ飲料	17万台

出典：日本経済新聞2007年10月16日付

売機ビジネスが本格化したのもほぼ同時期です。コカ・コーラ・グループがエリア・フランチャイズ・システムとルート・セールス方式、自動販売機の無償貸与といったマーケティング戦略により、急速に設置台数を拡大し、あらゆる飲料メーカーがその戦略に習い、追随してきました。2006年末の飲料各社の自動販売機展開台数は、図6-04のとおりです。

コンビニエンス・ストアなど他業態との競争激化、飲料各社の投資対効果の見直しが継続して行われており、飲料自動販売機の普及台数はここ数年260万台前後を推移しています。市場が成熟する中で、今後も自動販売機のスクラップ・アンド・ビルドは推進されます。

製品伝達戦略でのプレイヤーおよび流通経路は、次のとおりです。

a.専業オペレーター…基本的に自社で製品を開発・製造せず、メーカーより製品を仕入れて管理・運営業務を行います（ユニマットライフ・八洋など）

図6-05　製品の流通経路

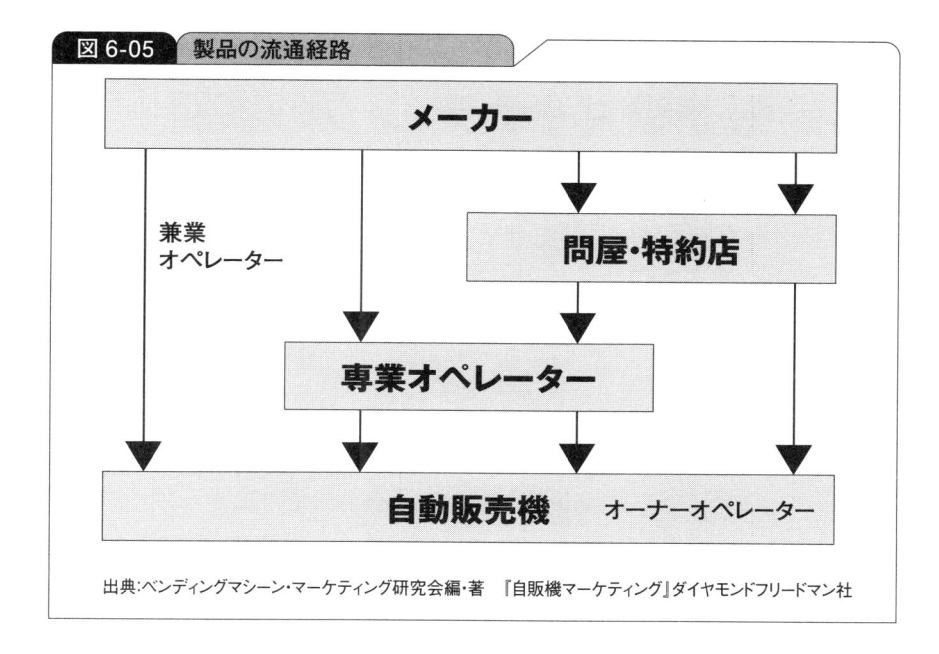

```
          メーカー
    │         │         │
    │         ▼         │
  兼業      問屋・特約店   │
オペレーター   │         │
    │      ▼          │
    │    専業オペレーター │
    │      │          │
    ▼      ▼    ▼    ▼
       自動販売機　オーナーオペレーター
```

出典:ベンディングマシーン・マーケティング研究会編・著　『自販機マーケティング』ダイヤモンドフリードマン社

b. 兼業オペレーター…自社で製品を開発・製造し、自動販売機の管理・運営業務も自社で行います（コカ・コーラ・グループなど）

c. オーナー・オペレーター…ロケーション・オーナーが自身で製品を仕入れ、自己保有している自動販売機の管理・運営を行います

　投資対効果の見直しと合わせて、オペレーションの効率化も進められています。コカ・コーラ・グループは、NTTドコモのFOMAネットワークを活用して、在庫情報を携帯端末で事前に遠隔地から取得することで在庫状況の確認業務を削減し、これまでの2往復から1往復でオペレーションが完了するシステムを開発、順次導入しています。

section 4　自動販売機マーケティング

自動販売機マーケティングの事例

　ここでは、専業オペレーターである「株式会社八洋」の市場参入・事業成長の事例を紹介します。

(1) 完全な独立系ベンダーとしての歩み
　株式会社八洋の設立は1977年です。当時の日本の清涼飲料業界では、コカ・コーラ・グループを筆頭に自動販売機の設置が猛烈な勢いで進んでいました。しかし、業界内には必ずしも健全な商習慣が確立していたわけではなく、自動販売機メーカーから機械を仕入れ、オペレーションに関してまったく素人の人々に売りつけて、アフターフォローもせずに手数料を稼ぐといった自動販売機の「訪問販売ディーラー」が数多く登場し、社会問題となりました。
　同社の設立に当たって、後藤伯彦社長が何よりも目指したのは、こうした悪徳業者とは完全に一線を画し、純粋に内容で勝負する会社を育てることでした。
　そのためには、いずれの飲料メーカーとも資本関係にない、完全な独立系ベンダーとしてのポジションを業界内で確保し、常に柔軟な事業戦略を展開することが肝要だと考えました。設立から32年、同社は独立系ベンダーとしての強みを業界内で発揮し、年商338億円のリーディング・カンパニーに成長しています。

(2) お客様第一主義の徹底
　同社の経営理念は、「お客様から感謝され、ともに成長し、豊かな心

図 6-06　株式会社八洋の経営理念

> 八洋理念
> お客様から感謝され
> 共に成長し 豊かな
> 心と幸せを築く

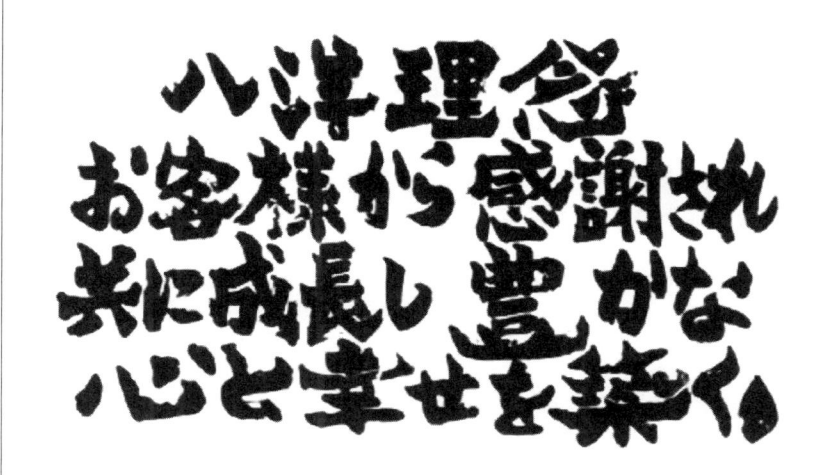

と幸せを築く」です。わずか8名の社員で事業をスタートしたときから現在まで、同社が真に目指してきたのは、顧客の立場から、日々の仕事に真剣に取り組むことでした。

同社のルートスタッフは、製品補充やメンテナンス、周辺の清掃はもちろん、新製品・人気製品の把握や売れ筋製品のリサーチ、お客様からの情報収集に至るまで、自動販売機をトータルプロデュースしています。

いわば、自動販売機という名の「各店舗」をマネジメントする「経営者」の役割を果たしています。顧客の信頼を得ることができる業務の地道な繰り返しが、現在の同社の事業の柱となっています。

(3) 飲料・自動販売機を通じた社会貢献

同社の「1缶の飲み物が提供するリラックスやリフレッシュのひとときを通じて、お客様と社会の幸せに貢献していくことができれば、私ど

もとしてこれほどうれしいことはありません」の思いが形として実を結んだのが、「ボランティア・ベンダー」の仕組みです。

　ボランティア・ベンダーのステッカーのある自動販売機で飲料を買うと、1本につき飲料メーカー・自動販売機設置店・八洋の3社がそれぞれ1円ずつを負担し、同社の提唱で1994年に発足したボランティア・ベンダー協会（http://www.volunteervender.jp/）を通じて、エイズ予防財団や緑の地球防衛基金など、多くの公益団体に寄付を行っています。

　また、首都圏27ヶ所のすべての営業所に、常時200ケース・計4,800本のミネラルウォーターを備蓄しており、災害発生時などに地元地域の役に立てる体制を整えています。飲料・自動販売機を通じたこのような活動は、同社にとって最もふさわしい社会貢献のあり方だと考えており、今後も自分たちにできることを、自分たちにできる形で続けていきたいと考えています。

(4) 人を大切にする企業であり続けたい

　同社のルートスタッフの人事考課方針は、自身の努力で得た成果が給

図6-07　ボランティア・ベンダーロゴマーク

出典：ボランティア・ベンダー協会ホームページ

与・賞与に直接反映される成果主義です。成績優秀者は都内のホテルで表彰され、海外研修への参加資格も与えられます。同社のビジネスは、大勢のルートスタッフの汗と努力によって成り立っています。個々のスタッフが独立店舗の経営者だという感覚で、高いモチベーションを持ち続けることができる環境を同社は提供しています。

　今後もスケールメリットを追求し、自動販売機市場でのプレゼンスをさらに強固なものにして、社員により大きな豊かさを提供していくことを目指しています。

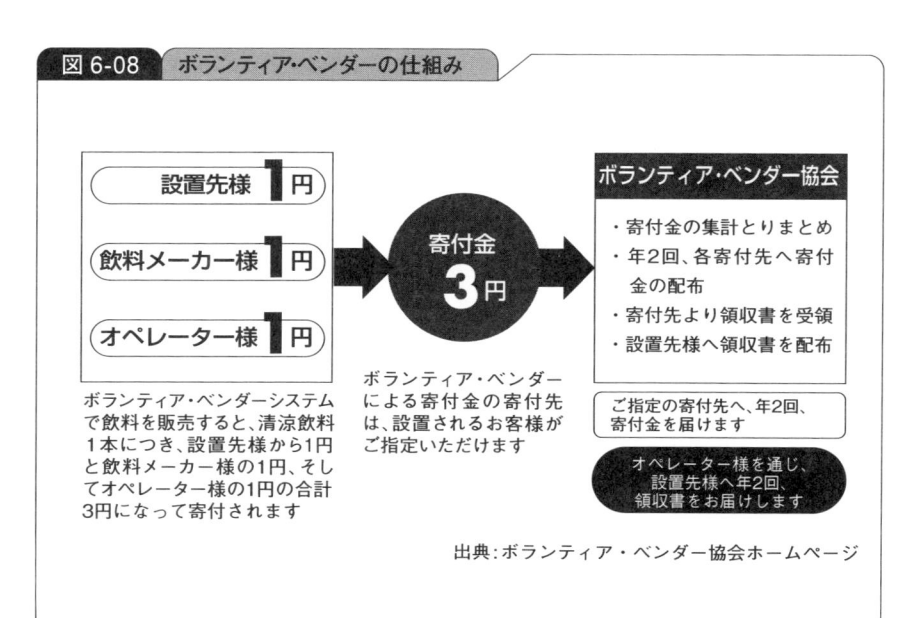

図 6-08　ボランティア・ベンダーの仕組み

設置先様　1円
飲料メーカー様　1円
オペレーター様　1円

寄付金　3円

ボランティア・ベンダー協会
・寄付金の集計とりまとめ
・年2回、各寄付先へ寄付金の配布
・寄付先より領収書を受領
・設置先様へ領収書を配布

ボランティア・ベンダーシステムで飲料を販売すると、清涼飲料1本につき、設置先様から1円と飲料メーカー様の1円、そしてオペレーター様の1円の合計3円になって寄付されます

ボランティア・ベンダーによる寄付金の寄付先は、設置されるお客様がご指定いただけます

ご指定の寄付先へ、年2回、寄付金を届けます

オペレーター様を通じ、設置先様へ年2回、領収書をお届けします

出典：ボランティア・ベンダー協会ホームページ

PART 6　自動販売機マーケティング

section 1 　カタログ・マーケティングの特徴と種類
section 2 　カタログ・マーケティングのフロー
section 3 　フルフィルメント
section 4 　カタログ・マーケティングの価値創造戦略
section 5 　カタログ・マーケティングの価値伝達戦略
section 6 　カタログ・マーケティングの事例①
section 7 　カタログ・マーケティングの事例②

PART 7

カタログ・マーケティング

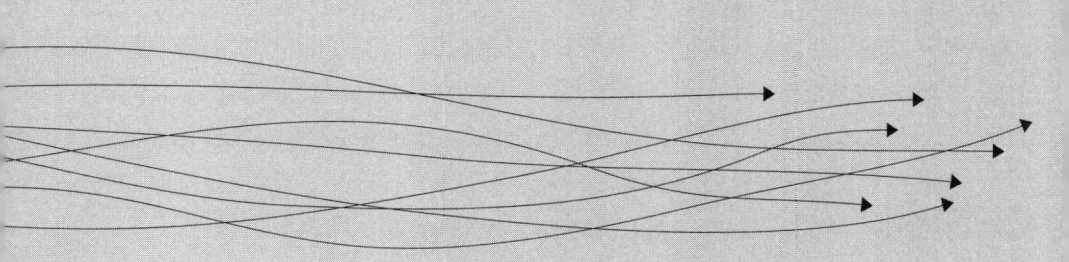

**高度に発達した
カタログ・マーケティング業界
成功の秘訣を
体系的に整理する**

section 1　カタログ・マーケティング

カタログ・マーケティングの特徴と種類

　本章では、「カタログ」を媒体とした通信販売（カタログ・マーケティング）について取り上げます。カタログ・マーケティングとは、冊子カタログやビデオ・カタログ、電子カタログを、選択した顧客に対して郵送したり、店頭に置いたり、オンラインで紹介したりするダイレクト・マーケティング形態のことです。

(1) 通信販売とは

　通信販売の定義は、「販売業者又は役務提供事業者が、郵便等により売買契約又は役務提供契約の申込みを受けて行う、指定商品若しくは指定権利の販売又は指定役務の提供であって、電話勧誘販売に該当しないもの」です。通信販売には、「カタログ」を媒体とするもの、「インターネット」を媒体とするもの、「テレビ」を媒体とするもの等、複数の種類が存在します。

(2) 通信販売の特徴

　通信販売の特徴は、①実店舗がなく非対面であり、販売の場所に制約がないこと、②広告媒体を使用するため、広告媒体が特に重要な意味を持っていること、③カタログ請求の状況などレスポンスの測定が可能であり、効果測定を行いやすいこと、などです。

　一般的に、カタログ・マーケティングやテレビ・マーケティングなどの通信販売でのマーケティング・ミックスは、図7-01のように整理することができます。

図7-01　通信販売のマーケティング・ミックス

1	「商品」	市場細分化に基づいた価値ある商品 ⇒マーケティングの4PではProduct（商品）に該当します
2	「オファー」	レスポンス率向上のための顧客戦略の総称 ⇒マーケティングの4PではPrice（価格）、Promotion（販売促進）に該当します
3	「メディア」	カタログ、インターネット等を指す ⇒マーケティングの4PではPromotion（販売促進）に該当します
4	「クリエイティブ」	カタログデザインなど表現手法 ⇒マーケティングの4PではPromotion（販売促進）に該当します
5	「フルフィルメント」	注文、配送、決済、アフターフォローのシステム ⇒マーケティングの4PではPlace（チャネル）に該当します

※上記「メディア」と「クリエイティブ」を総称して「コミュニケーション」と捉える場合もあります

(3) 通信販売の長所と短所

　通信販売は、前述のように実店舗が不要ですから、店舗立地に悩んだり、店舗開設のための多額のコストが発生することはありません。

　通信販売では、ターゲットを絞り込んで広告を出すことも可能です。「誰が」「どんな製品を」「どのように買おうと思ったか」など、広告に対する反応、効果を測定していく必要があります。

(4) 通信販売の種類

　通信販売には、フルラインで品ぞろえを行う「総合通販」と、品ぞろえを絞り込んだ「単品通販」とに分類できます。それぞれ、フルライン製品カタログ、消費者向け専門品カタログが媒体となります。

　取引形態としては、ビジネス・カタログを媒体とする「BtoB」と、個人客を対象とする「BtoC」とに分かれます。

総合通販は、多くのカテゴリーの製品を扱うものです。一方、単品通販は主に1つのカテゴリーに絞り込んで販売するものです。

　社団法人日本通信販売協会によると、直近の通信販売の利用状況では、直近に利用した通信販売の企業・カタログは「総合通販」と「単品通販」がともにほぼ半数利用されており（順に54.8%、53.6%）、衣料品や家具・家庭用品などは「総合通販」での購入率が高くなっています。化粧品・医薬品や食品関係、趣味に関するものなどは「単品通販」での購入率が高く、棲み分けがされています。

　総合通販は、市場規模が大きいのですが、製品が多岐にわたるため、その分競争も激しいというのが実態です。

　一方、単品通販は市場規模は限られますが、品ぞろえを絞っているために、競争は比較的小さくなっています。市場の規模が相対的に小さいため、資源を集中して戦うことができますから、中小企業に向いています。

図7-02　通信販売のメリットとデメリット

メリット	デメリット
〈立地面〉 非対面のため、時間や営業場所の制約がない 〈営業面〉 ・ターゲットの絞込みが可能 ・データベース化やコミュニケーションの継続が可能 〈コスト面〉 リアル店舗ではないため、店舗開設・運営コストが低い	〈競合面〉 容易に参入できるため競争が激しい 〈コスト面〉 媒体（広告）費用がかかる

図 7-03　通販の種類

総合通販	単品通販		B to B
	化粧品・健康食品	衣料品・雑貨	
ニッセン 千趣会 ベルーナ ディノス セシール ムトウ 三越 日本生活協同組合連合会 高島屋　　など	DHC ファンケル オルビス 再春館製薬所 など	フェリシモ カタログハウス など	アスクル ミスミグループ 大塚商会 カウネット など

上段 B to C

図 7-04　総合通販と単品通販の強みと弱み

	総合通販	単品通販
強み	・市場規模が大きい ・顧客リストを最大限活用できる	・ノウハウを蓄積しやすい ・流行に左右されにくい
弱み	・差別化しづらい ・商品管理が煩雑	・市場規模が小さい ・独自性が強く求められる

PART 7　カタログ・マーケティング

section 2　カタログ・マーケティング

カタログ・マーケティングのフロー

　ここでは、カタログ・マーケティングの仕組みについて、フローをもとに解説します。

(1) カタログ・マーケティングのフロー
①取扱製品の選択、製品仕入れ
　はじめに、どのような製品を取り扱うのかを決定し、仕入れを行います。
　取扱製品の決定に当たっては、事前に「誰に買ってもらうのか」(ターゲット顧客)をよく意識し、対象とする顧客にふさわしい製品を、適切な価格で仕入れます。
②媒体制作
　品ぞろえの方針が決まり、製品提供体制が整ったら媒体を準備します。カタログ・マーケティングでは、一般的小売業でいう店舗施設関連投資に代わるものが、メディアを使ったプロモーション費用です。販売に当たり「広告展開」が極めて重要ですから、どのような媒体にどのような広告を掲載するのかについて最適な決断、対応が求められます。
　カタログをはじめ、テレビ、インターネット、雑誌、新聞など、各特徴を理解したうえで、適切な媒体を選定します。
　媒体制作にあたっては、最終目標の「注文数の拡大」につながるよう、戦略的なクリエイティブとする必要があります。
③注文受注
　カタログを通じて買い手に製品情報などメッセージを伝達したら、次

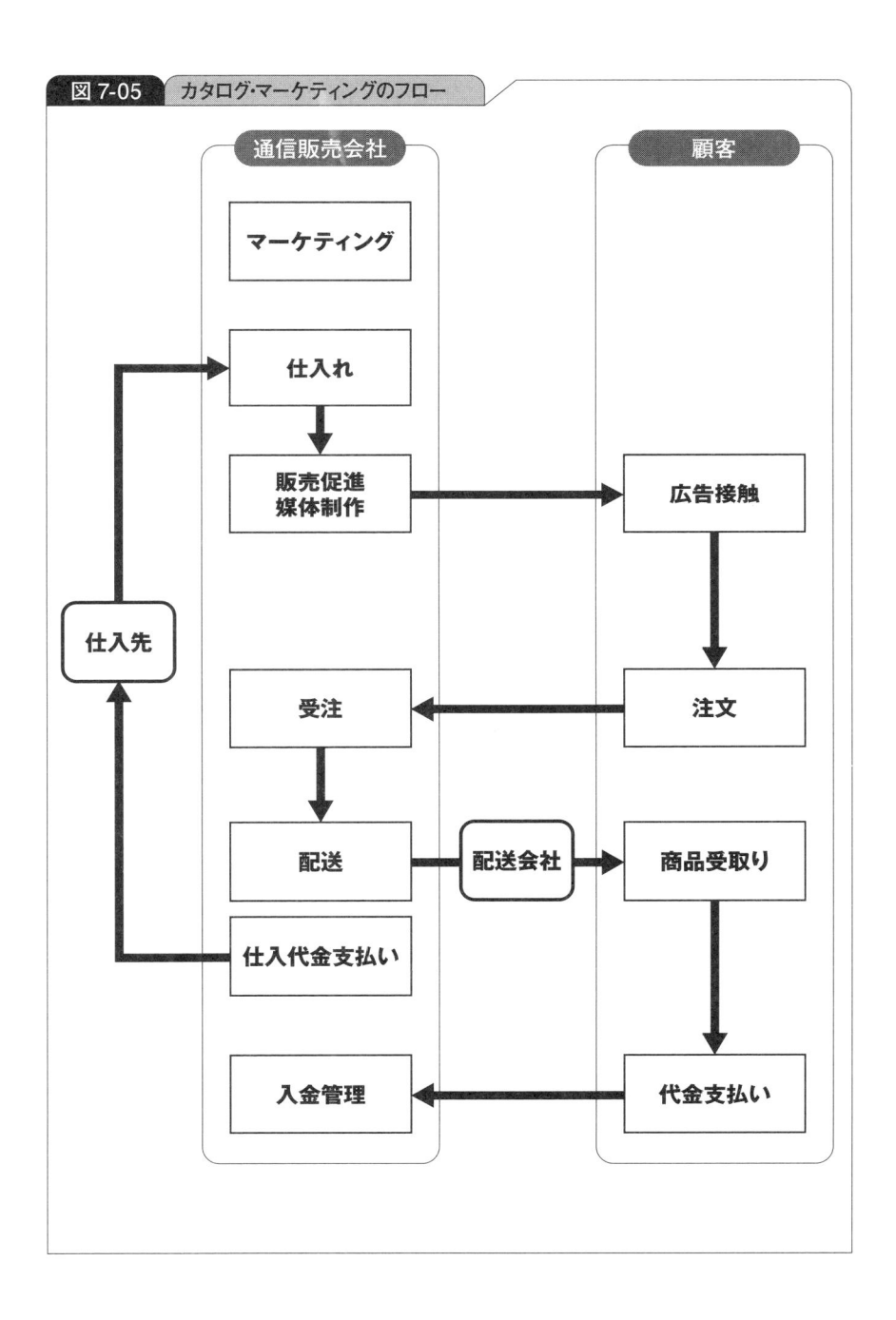

図 7-05　カタログ・マーケティングのフロー

【通信販売会社】
- マーケティング
- 仕入れ
- 販売促進媒体制作
- 受注
- 配送
- 仕入代金支払い
- 入金管理

【顧客】
- 広告接触
- 注文
- 商品受取り
- 代金支払い

仕入先

配送会社

PART.7　カタログ・マーケティング

はレスポンスを獲得する必要があります。すなわち、広告媒体に接した顧客から、問い合わせをはじめ注文に至るまで、さまざまな反応が届くよう仕掛けていくことになります。

電話やインターネット、はがき、FAXなどの手法で注文を受け付けます。電話受注に当たっては、顧客と接するためコールセンターの応対品質が重要です。

④製品在庫管理

顧客からの注文に対して迅速に対応できるよう、製品在庫管理を常に徹底しておきます。注文を受けてから仕入れて出荷を行う場合は、このタイミングで仕入れを行います。

⑤発送

発送は、企業の営業形態により、①自社から発送、②メーカー（生産者）から直接発送、などのケースがあります。

自社から発送する際は、迅速に包装などの準備を行い発送します。メーカーから発送の際は、メーカーに対して迅速に出荷を依頼します。

製品が到着するまでの時間や、到着時の顧客の印象は、直接顧客満足度に影響するため、スピーディーに発送を行うのはもちろん、発送時の包装、梱包についても配慮します。

⑥入金確認

入金方法は、振込、カード決済など多様ですが、いずれの場合も顧客からの入金状況を確認し、未収扱いが残っていないかチェックを行います。

⑦代金支払い

仕入先に対して、契約で取り決めた期日までに代金を支払います。

自社の仕入代金支払日と顧客からの入金日との差が、財務上重要です。顧客からの入金日の前に仕入代金支払いが必要な場合は、顧客からの入金があるまでの間のキャッシュフローには注意が必要です。

⑧顧客分析

購買顧客情報の集約、分析を行います。

次回ターゲット顧客へのアプローチ策として、仕入活動に有効に活用し、効果的な販売体制の構築につなげます。

⑨費用対効果の測定

販売活動の中で実施したプロモーションごとの費用対効果を検証します。そのうえで、顧客情報（顧客ニーズ）と適合させる形で今後のメディアの選択を行います。

(2) カタログ・マーケティングの成功に向けて

コトラーのカタログ・ビジネスの成功の秘訣を図7-06に示します。

ターゲット顧客を確実に抽出し、注文後支払いを受けるまでの一連の流れを確実に管理して収益性を高める中で、顧客との接点となる広告媒体でどれだけ企業イメージをアピールできるかが重要な要素となります。企業イメージは、リピーター化を促進するうえでも有効です。企業イメージは、注文後のフルフィルメントを通していっそう強く形成されますので、取引終了までの対応全般を意識することとなります。

図 7-06　コトラーの示すカタログ・ビジネス成功の秘訣

1	重複や支払いの焦げ付きをほぼゼロに抑える顧客リストの管理能力
2	慎重に在庫を管理する能力
3	返品率を低くするために良質の商品を提供する能力
4	明確な企業イメージの演出能力

section 3　カタログ・マーケティング
フルフィルメント

　カタログ・マーケティングで、重要な戦術要素に「フルフィルメント」があります。

(1) フルフィルメント
　フルフィルメントとは、一般的に、「遂行」「達成」「完了」といった意味です。
　カタログ・マーケティングでは、「製品の受注から出荷、配送、決済、アフター・サービスに至るまでの一連の業務全体」という意味です。これらは、一見表には出にくいのですが、重要な意味があり、ダイレクト・マーケティングの成功を左右するものです。
　「配送」や「決済」は、カタログ・マーケティングを行うに当たり必要不可欠なばかりか、顧客との接点となるものです。付加価値化ができる、競合他社との差別化を実現できる貴重な機会でもあります。
　受注に際し、コールセンターで対応するスタッフのサービス水準によっても顧客の印象は異なるし、配送時の包装、パッケージも顧客の評価につながります。クレーム発生時の受け応え状況によって、顧客から見たイメージは大きく変化するため、適切な対応をする必要があります。

(2) フルフィルメントの意義
　フルフィルメントは、顧客満足度の向上を通して、以降の売上に大きく貢献します。その理由は、次の2点にあります。
①顧客満足度の向上・電話応対、的確な配送等による満足度の向上によ

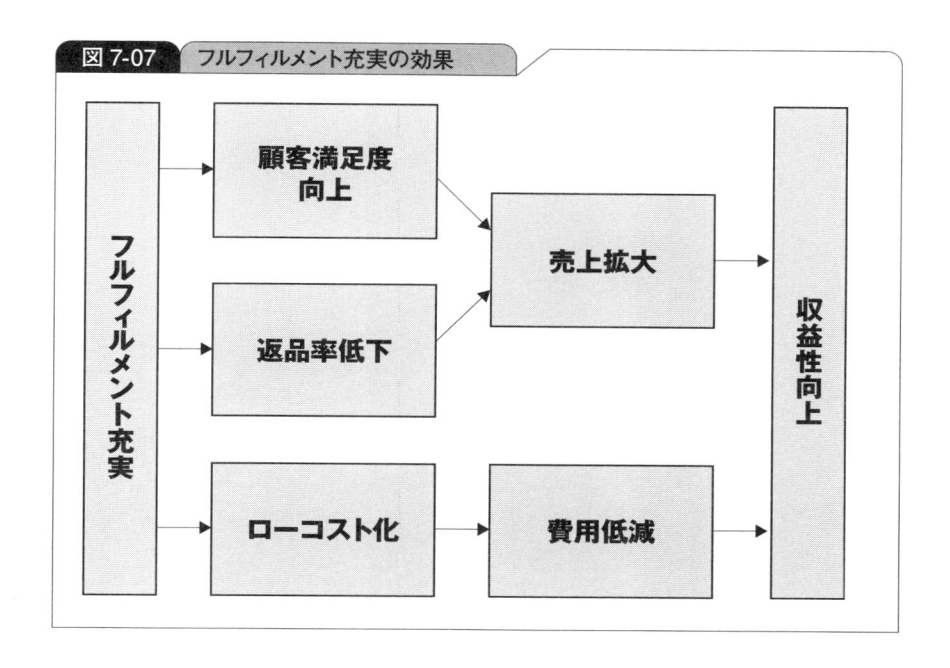

図 7-07　フルフィルメント充実の効果

フルフィルメント充実 → 顧客満足度向上 → 売上拡大 → 収益性向上
フルフィルメント充実 → 返品率低下 → 売上拡大 → 収益性向上
フルフィルメント充実 → ローコスト化 → 費用低減 → 収益性向上

り、リピーター化や口コミ等の効果が期待でき、誠実なクレーム対応により顧客の固定化につながる。

②返品率の低下・迅速な納品の実現により返品率が低下し、売上に貢献する。

顧客満足度に影響しない範囲で、工夫によって収益性を高めることもできます。ローコスト化を実現できれば、その分費用が減少し、利益が増加します。

(3) フルフィルメントの状況

フルフィルメントに関して、代金支払手段(決済)の状況を紹介します。

社団法人日本通信販売協会の全国通信販売利用実態調査報告書によると、通信販売の利用時の決済手段は「代金引換」48.1%、「コンビニエンス・ストア」44.2%、「郵便振替」39.4%、がトップ3となっています。

このうち「郵便振替」は利用率が年々減少し、3位に下がっています。一方、「クレジットカード」は大きく伸び34.5%となり、「郵便振替」に迫りつつあります。「銀行振込」は12.0%と、あまり利用されていません。
　支払方法だけを見ても、顧客のニーズは年々変化をしています。近年のインターネットや携帯電話の伸びを考慮すると、支払方法は多様化しており、通信販売企業は、柔軟・迅速に市場動向や顧客ニーズに対応していくことが重要です。
　全国通信販売利用実態調査報告書の「通信販売の短所」に関する調査では、通信販売の短所は「実際に商品を見て購入できない」が76.2%で圧倒的に高く、「配送料がかかる」も54.5%と、ほぼ半数が不満を抱いています。
　その他、「品切れがある」25.6%、「プライバシー侵害のおそれがある」23.0%、「商品説明が十分でない」21.7%、「商品の到着に時間がかかる」20.5%などの短所の指摘も多く、「短所は特にない」は5.8%のみです。「プライバシーの侵害のおそれがある」は前回よりダウンしており、個人情報保護への取り組みが評価され始めてきている様子がうかがえます。「配送料がかかる」「品切れがある」は、通販非利用者より利用者のほうが短所と考える率が高く、改善が望まれています。
　配送料については、半数以上が短所として指摘をしており、改善が求められています。今後顧客の不満を解消すべく改善が実現できた場合には、他社との差別化につながるとともに顧客満足度も高まり、結果として固定客化、あるいは口コミ効果が期待できます。

(4) フルフィルメントの戦術

　フルフィルメントに関して、顧客と直接接する機会があるのは、「受注時」「発送時」「代金回収時」「アフター・サービス時」です。特に重要な受注とアフター・サービスについて見てみましょう。

①受注時
　受注業務は、顧客との接点として重要ですが、コールセンターの要員負担が大きいこともあり、戦略的な工夫が求められます。効率化、コスト削減を図る場合、アウトソーシングを採用する方法も有効です。
　受注業務を担うコールセンターの取扱方針は、次のように大別できます。
a. 自社で抱えて、スタッフの応対品質を高めるべく教育を厚く施し、顧客へのサービスレベルで差別化を図る
b. 専門業者へアウトソーシングを行い、業務の効率化とコスト削減を図る
　実際、コールセンター業務は時期による変動が大きく、自社対応では限界がある場合が多々あります。閑散期に多くのスタッフを抱えることで生産性を悪化させたり、繁忙期にスタッフが不足し、逆に顧客からの不満を招いたりといったリスクも存在するため、外注化が有効な場合があります。

②アフター・サービス時
　顧客にとって、購買後のフォロー体制も重要な要素です。購入後に、問い合わせをしたい場合や、返品・交換を希望する場合などに備え、顧客対応の窓口を設け、対応品質を高めることが重要です。

section 4　カタログ・マーケティング

カタログ・マーケティングの価値創造戦略

　価値創造戦略とは、マーケティングの4Pの製品戦略と価格戦略の総称です。魅力的な製品を作り価格を下げれば、その差し引きとして創造される価値は大きくなるという公式に従うものです。
　カタログ・マーケティングの価値創造戦略について解説します。

(1) 製品戦略の基本
　カタログ・マーケティングを行うに当たり、当社は、顧客に対してどのような価値を創造するのかというテーマは、基本中の基本です。
　単純にいうと、カタログにどのような製品を掲載し、カタログ・マーケティングを行うのか、ということです。「製品」にはさまざまな意味があります。たとえば、パッケージやアフター・サービスも製品の1つであり、戦略的に検討する必要があります。
　「標的市場の設定」でターゲットとした顧客に対し、適切な製品・サービスを決めることが重要です。

(2) 製品ミックスの設定
　取り扱う製品を決める際、「製品ミックス」すなわち「製品ライン」と「製品アイテム」を設定します。
　「製品ライン」とは、同じような機能を果たしており、互いに密接に関わり合っている1つの製品グループのことです。
　「製品アイテム」とは、製品の品目数のことです。
　「製品ミックス」（製品アソートメント）とは、ある特定の販売業者が

顧客に販売するために提供する製品ラインおよび製品アイテムの集合のことです。

ターゲット顧客や営業方針に則り、製品ミックスを適正化することが重要です。

(3) 製品の選定

実際に、どのようなカタログを用意し、どのような製品展開を行うのかを決めなければなりません。

はじめに、ターゲット顧客のニーズを分析し、カタログ掲載のコンセプトを設定したうえで、ふさわしい製品を選定していくことになります。総合通販で幅広い顧客層に対して、多様なニーズに対応していく場合、広い製品ラインにします。一方、単品通販であれば取扱品目はテーマに沿って絞り込みます。いずれの場合も、競合他社との差別化を図るべく、特徴を出していくことが重要です。

(4) 差別化の方策

差別化を図るためには、「競争優位の源泉」理論に則り、方策を立案します。「競争優位の源泉」とは、企業が競争優位を確立するには、①コスト・リーダーシップ、②差別化、③集中、のいずれかが源泉になるというポーターの提唱する理論です。

①コスト・リーダーシップ…規模の経済の追求、革新的な独自技術の開発などを通じて、低コストで最優位に立つ戦略です
②差別化…製品の機能、製品の品質、製品のデザイン、ブランド・イメージ、アフター・サービスなどで、他社にない特異性で優位性を獲得する戦略です
③集中…業界の特定セグメントに焦点を絞り、効率よくそのセグメントに奉仕をして優位性をつかむ戦略で、「コスト集中」と「差別化集中」

図 7-08　競争優位の源泉

		競争優位	
		他社より低いコスト	差別化
戦略ターゲットの幅	広い	コスト・リーダーシップ	差別化
	狭い	コスト集中	差別化集中

出典:『競争優位の戦略』(M.E.ポーター著 ダイヤモンド社)

の2種類があります

具体的には、広いターゲット層に対して多数の製品ラインを取り扱う場合、

① 規模の利益を武器に価格メリットを打ち出し、他社との差別化を図る「コスト・リーダーシップ戦略」を採用する
② 他では入手困難な独自製品に絞り込んで、他社との差別化を図る「差別化戦略」を採用する

など戦略を明確にし、品ぞろえを決めていきます。

(5) サービス

カタログに掲載する（取り扱う）製品だけでなく、価値創造のためには、サービスも重要な要素です。

カタログ販売で、アフター・サービスは重要です。「送料無料」「購入に応じてポイントを付与する」などのサービスを用意し、購買を促進します。

(6) 価格戦略

①基本的な価格設定方法

価値創造戦略では、価格戦略は重要な要素です。価格設定方法には、次のとおりいくつかの方法があります。カタログ・マーケティングの場合にも、これらの方法を組み合わせて、最終的に価格を決定します。

②価格設定上の留意点

カタログ・マーケティングでの価格設定で留意すべき点は、次のとおりです。

a. カタログコンセプトに適合する価格設定を行う
b. 製品原価（仕入原価）のみならず、フルフィルメントなどの販売・サービスに関連するコストも踏まえて設定する
c. 適切な広告宣伝費をできる限り正確に計画する
d. 競合通販企業のみでなく、実店舗の価格も調査する

図 7-09　基本的な価格設定方法

❶ コスト志向価格設定

製品原価に一定の値入率を付加し、価格を設定する方法

例：損益分岐点分析と目標利益価格設定…製品の製造コストやマーケティング・コストに関して損益が等しくなるような価格、または目標利益を達成するような価格を設定すること

❷ 価値志向価格設定

売り手のコストではなく、買い手の知覚価値に基づいて価格を設定する方法

例：適正価格設定…品質と良いサービスの適切な組み合わせをもとに適正な価格で設定すること
例：エブリデイ・ロープライス（EDLP）…恒常的に毎日廉価で販売する価格設定法（ウォルマートの例が有名）

❸ 競争志向価格設定

競合他社が提示している類似製品の価格に基づいて価格を設定する方法

例：実勢価格設定…企業が、主要な競合他社と同じか、あるいはそれよりも高く、もしくは低く価格を設定する方法

section 5　カタログ・マーケティング

カタログ・マーケティングの価値伝達戦略

　カタログ・マーケティングで、創造された価値を顧客に届けるための戦略、すなわち、プロモーション（情報伝達）とチャネル・デリバリー（製品伝達）に関する戦略について解説します。

【情報伝達戦略】
(1) 広告
①広告展開の重要性
　カタログ・マーケティングは、顧客がカタログに接触することが大前提です。通販会社は、普通、実店舗を有していないため、利用者の認知度を上げ、信用を得るためには、広告展開が必要不可欠です。カタログに触れてもらうためには、広告により顧客認知度を上げ、カタログで請求してもらうことになります。
　カタログを媒体とする通販企業にとっては、カタログ費用が大きな課題ですが、カタログはいわば製品そのものであり、差別化を図る貴重な機会です。カタログは顧客との重要な接点ですから、カタログのあり方を検討していく必要があります。
　具体的には、制作にかかるコストとして、発行部数や製品掲載数、一製品当たりの掲載面積、デザインコストなどについて検討します。
②広告実施上の留意点
　広告の実施に当たっては、いつ、誰に、何を、どのように伝えるべきかを検討します。その際、クリエイティブしだいで効果は大きく変わりますから、一番打ち出したい特徴を明確にアピールできるように工夫し

ます。

(2) 広報活動（PR、パブリシティ）

　パブリシティの魅力は、無料で実施できるうえ、広告よりも信頼されやすく顧客の支持を得やすいことです。

　話題性のある営業展開、製品展開を行うなど、差別化が実現できれば、新聞、テレビ等のメディアで取り上げられ、多大なPR効果を得ることができます。

(3) 口コミ効果

　口コミも有意義な販売促進になります。口コミとは、標的顧客とその隣人、友人、知人、家族、仲間との間で行われる人的コミュニケーションであり、比較的親しい者同士のコミュニケーションにより信用しやすいという利点があります。

　実店舗がないカタログ・マーケティングでは、特に有効なコミュニケーションですが、パブリシティ同様に恣意的にコントロールできないのが難点です。

【製品伝達戦略】
(4) 顧客との直接取引

　製造業にとって、カタログやインターネット等を利用したダイレクト・マーケティングを実施することは、チャネルリーダーである大規模小売店への対抗手段になります。消費者に対して、自社の製品を直接プッシュすることができ、情報収集も容易となるなどのメリットがあります。

　BtoCのカタログ販売では、消費者との直接取引が主となりますが、BtoBの場合は、代理店を介するなど、企業の購買担当者とすでに取引関係がある会社を通してアプローチを行う場合もあります。

どのようなルートで購買者へのアプローチを実現するべきかを検討し、戦術を練ることになります。

(5) メディア・ミックス営業展開

顧客は、気分や状況などの事由により、自己都合で媒体を横断的に利用し、来訪や購入を行います。それには決まったパターンは存在せず、状況しだいで変わることがポイントです。

企業にとっては、媒体を複合させて顧客にアプローチを行う、メディア・ミックス戦略の採用が重要です。

次に示すとおり、カタログ販売とはいえ、複雑な購買までのルートが存在します。どのような経緯でカタログに接してもらうか、どのような方法で申込みをしてもらえるかについて考えなければなりません。

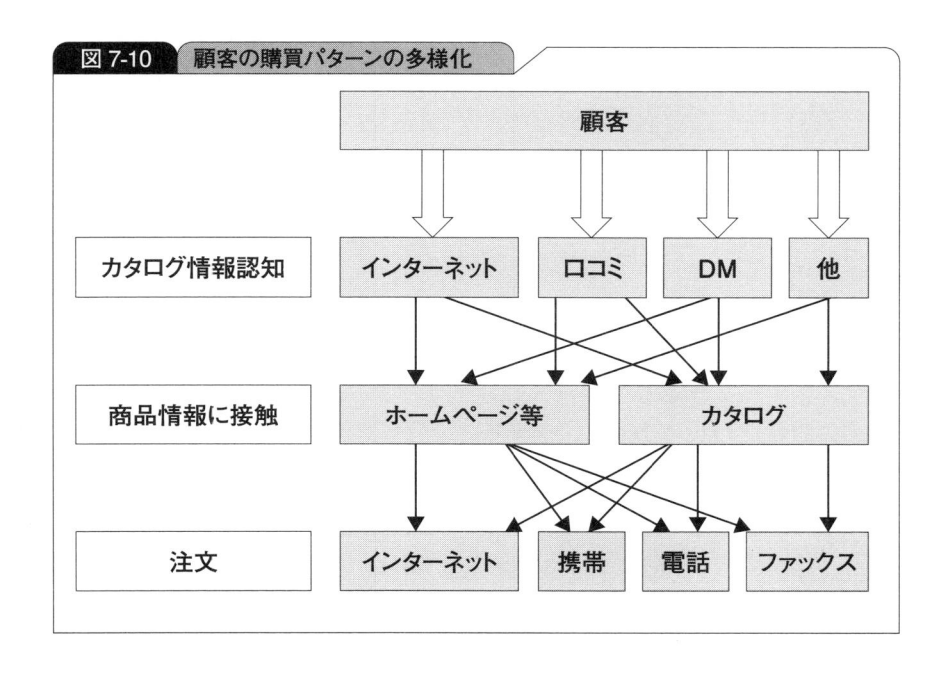

図 7-10　顧客の購買パターンの多様化

カタログ情報認知	インターネット	口コミ	DM	他
商品情報に接触	ホームページ等		カタログ	
注文	インターネット	携帯	電話	ファックス

(6) アフィリエートプログラムの存在

メディア・ミックス戦略の実行に当たり、「アフィリエートプログラム」が注目されています。

カタログ・マーケティングを考えるうえで、インターネットは、カタログ請求のきっかけになったり、また申込段階のツールとなるという意味で、密接に関係しているものです。

インターネットのチャネルで欠かせないのが、アフィリエートです。アフィリエートとは、「提携する」「加入する」といった意味です。インターネット上のチャネル拡大策の1つとして利用されています。

具体的には、あらかじめ提携者との間で契約を交わし、提携者のホームページに、自社のホームページへの流入口（バナー広告、テキスト広告など）を設置してもらい、注文・カタログ請求などの成果に応じて報酬を支払うプログラムのことです。

図 7-11　アフィリエートプログラムの仕組み

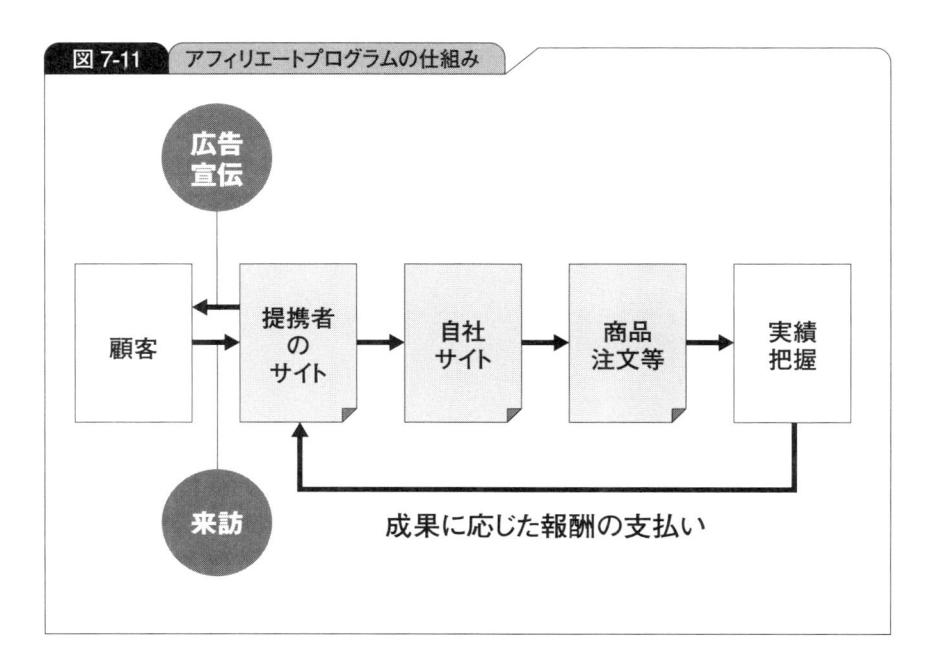

顧客 → 提携者のサイト → 自社サイト → 商品注文等 → 実績把握

広告宣伝・来訪

成果に応じた報酬の支払い

section 6　カタログ・マーケティング

カタログ・マーケティングの事例①

　ここでは、BtoBカタログ・マーケティングの事例として、アスクルのマーケティング戦略を紹介します。

(1) アスクルの企業概要
　アスクル株式会社は、東京都江東区に本社を置く事務用品を中心とする通信販売会社です。事務機器メーカーのプラスの子会社であり、同社のプライベートブランドは、プラスの製品が多いのが特徴です。
　社名の由来は翌日配達であり、「明日来る」から転じてアスクルになりました。翌日配達が可能なのは、都心近くに大規模な物流センターを構えているからです。

(2) 対象顧客
　BtoB通販として、オフィス用品が有名です。たとえば、アスクルの場合、「オフィスに必要なモノやサービスを明日お届けする法人様向け通販サービス」を提供していることから、主要ターゲットは、「法人」に設定していることになります。

(3) 製品戦略
　アスクルは、「オフィスに必要なモノやサービス」がテーマとなっており、品ぞろえを絞り込んだ単品通販に当たります。
　2008年秋冬のカタログでは、「ますます目が離せない充実の約24,800アイテム！」と謳っているように、多数のアイテム数を誇り、製品アイ

テム数が深いのが特徴です。

　対象顧客の特性やニーズ別に、カタログを分けて提供することも有効です。アスクルは、「オフィス用品」以外に、「家具」や「メディカル＆ケア」といったカタログを別途用意し、専門性の高い品ぞろえで、ニーズがある顧客層へのアプローチを実現しています。

(4) オファー戦略

　オファー戦略とは、レスポンス率を向上させるための顧客戦略の総称です。アスクルでは、次に示す「5つの基本サービスとうれしい特典」をアピール・ポイントとして明確に打ち出しています。

　このような打ち出しは強力なオファーとなり、カタログ掲載製品を購入するに当たって消費者への強い動機付けとなります。オファーの有無

図 7-12　アスクルの5つの基本サービスとうれしい特典

- 簡単に注文（インターネット）
- 当日お届け
- 送料無料
- 返品OK
- 便利な支払い

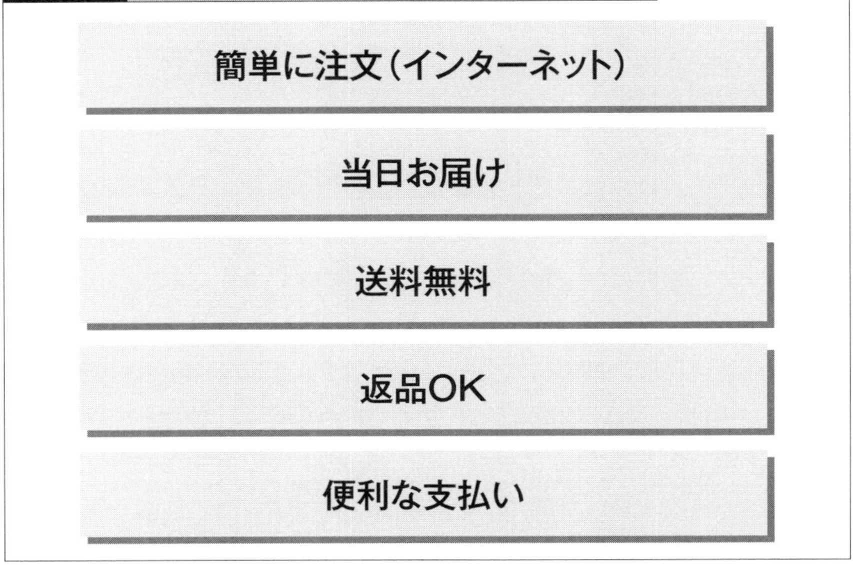

および内容（質）により、購買率は大きく変化します。

　その他にも、「ポイントプログラム」の実施により、販売促進とリピート率向上を狙ったり、リアルタイムな展開として、「在庫限りのお得セール」を実施したり、といったオファー展開も考えられます。

(5) コミュニケーション戦略
①メディア

　アスクルのメディアの特徴は、複合媒体（メディア・ミックス）による取り組みがなされている点にあり、利便性が高くなっています。

　昨今ではインターネット利用者の増加に伴い、通販でもインターネット対応は必須であるため、「カタログ＋インターネット」というメディア・ミックス戦略は有効です。

　メディア・ミックス戦略の実行に当たり、「アフィリエートプログラム」の存在についても理解をしておきたいところです。

　前述のように、顧客は自己都合により媒体を横断的に利用し、来訪や購入を行います。カタログ・マーケティングを考えるうえで、インターネットも必ず視野に入れておく必要があります。

②クリエイティブ

　カタログの表現手法の良し悪しは、顧客の印象に大きく影響します。

　アスクルでは、ブランド、企業姿勢など、自社の特徴やアピールすべきポイントを顧客に印象付けるべく、表現に工夫を凝らしています。

　エコロジーをテーマにカタログ編成を行いたい場合は、表紙の色合いをグリーン系に、表紙を飾る製品にリサイクル製品を採用し、当該製品の環境対策的観点の特長として、「CO_2を20％削減」などをテキストで表現します。

　特集の充実も重要な要素です。カタログ閲覧者には、あらかじめ購入対象が決まっている顧客もいれば、決まっていない顧客もいます。購入

すべき製品が決まっていない場合、いかにレコメンドを行うのかが大切です。巻頭特集などの実施により、購入すべきものを見つけ出しやすくしたり、潜在ニーズに気付かせたりすることで、いっそうの購入が見込めます。

(6) フルフィルメント

アスクルは、フルフィルメントの充実が、強みの1つとなっています。前述の、「5つの基本サービスとうれしい特典」（①簡単に注文、②当日お届け、③送料無料、④返品OK、⑤便利な支払い）にあがっている項目がフルフィルメントです。注文から購入後のサポートまで一連の流れで、充実したサービス提供がなされていることを顧客に情報伝達しています。

図 7-13　アスクルのマーケティング戦略

戦術	具体的な事例
商品	オフィス用品に絞込み、その中で多数のアイテムを取りそろえる
オファー	レスポンス率を高めるためのサービスをアピール
コミュニケーション	メディア・ミックスを意識、クリエイティブも重要
フルフィルメント	注文以降のフローにサービスを付加

section 7　カタログ・マーケティング

カタログ・マーケティングの事例②

　ここでは、BtoCカタログ・マーケティングの事例として、カタログハウスのマーケティング戦略を紹介します。

(1) 対象顧客とコンセプト
　BtoC通販は、総合通販と単品通販とに分類できます。総合通販は幅広い品ぞろえとなっていますが、単品通販は対象顧客（顧客ニーズ）を絞り込んでいるため、製品ラインも絞り込まれています。
　化粧品・健康食品の分野を取り扱う通販会社の場合、女性、なかでも美しくなりたい、若さを維持したいといった願望を持つ女性層など、美と健康への意識の高い客層が主要ターゲットとなります。
　BtoC単品通販で特徴的な通販を行っているのが、カタログハウスの「通販生活」です。「『永く使えて、ゴミにならない優れものを探せ!』をモットーに、世界各国・日本全国を駆けずり回って探し出し、絞りに絞った傑作道具だけを掲載。ありふれた道具はご紹介しませんよ。それがカタログハウスの心意気。」というコンセプトが前面に打ち出されています。

(2) 製品戦略
　カタログハウスの「通販生活」の場合、次のように差別化された製品戦略を展開しています。
①差別化のポイント
a.街では見つけにくい掘り出し物・優れもの・珍商品ばかり集めた、楽しくてためになる買い物雑誌です

図 7-14　2009年版カタログハウスの商品憲法

第1条	できるだけ、「地球と生物に迷惑をかけない商品」を販売していく。
第2条	できるだけ、「永持ちする商品」「いつでも修理できる商品」を販売していく。
第3条	できるだけ、商品を永く使用してもらうために、「使用しなくなった商品」は第二次所有者にバトンタッチしていただく。
第4条	できるだけ、「寿命がつきた商品」は回収して再資源化していく。
第5条	できるだけ、「ゴミとCO_2を出さない会社」にしていく。
第6条	できるだけ、「メイド・イン・ジャパン」の販売を増やしていく。
第9条	できるだけ、核ミサイル、原子力潜水艦、戦闘機、戦車、大砲、銃器のたぐいは販売しない。

b. 世界各国・日本全国を飛び回って製品を探しています
c. 目まぐるしく変わるモデルチェンジ品に振り回されることなく、〈永く使えるいいモノ〉を選んでご紹介しています

　そんなこともあり、有料カタログながら定期購読者数140万人という人気を誇っています。

② 「商品憲法」の存在

　「通販生活」には、ユニークな「商品憲法」があります。

　商品憲法により、製品戦略上他社と大いに差別化が実現できています。同時に、強烈なオファーでもあり、コミュニケーション戦略上も極めて有効です。

(3) オファー戦略

　前述のとおり、商品憲法自体がレスポンス率向上に役立っていますが、

それに加えていくつかのオファーも組み込まれています。たとえば
①3年間無料保証
②10年間修理部品保有
③分割払いが可能
④購入者の感想が掲載されている
といったオファーが用意されており、購入の動機付けに寄与していると考えられます。

(4) コミュニケーション戦略
①メディア（カタログ＋店舗）
　カタログハウスの場合、特徴的なのは実店舗やショールームを設置していることです。実際に製品を見て、触って、納得してから購入ができるとあって、顧客にとっては便利なサービスです。
　実際、洋服や靴の試着または食品類の試食をしたうえで購入でき、安心して間違いのない買い物ができるのがポイントです。
　店舗では、次のような付加価値化がなされており、販売促進に貢献しています。
a. スタッフが製品の実演を行い、製品の購入を検討している顧客に使い方を見せるとともに、疑問や質問にも丁寧に答えている
b. メーカーのデモンストレーターによる本格的な実演を毎月実施している
c. 家電製品アドバイザー資格を持つスタッフや、手話勉強中のスタッフが、迷ったときや困ったときの手助けを行っている
d. キッチン道具やミシンなど、購入後に「うまく使えない」「もっと使いこなしたい」という方のために、参加型イベントを開催している
②クリエイティブ
　「通販生活」には、カタログの内部に多数のコンテンツが掲載されて

います。製品個々について写真画像を使用して大きく取り上げ、効用について手厚く解説しています。利用者の声も積極的に掲載し、製品の価値を十分に伝えることに力を入れています。カタログ自体の表現方法、個々の製品の表現方法とも独自性が強く仕上がっています。

③フルフィルメント

カタログハウスでは、電話、はがき、FAXでの注文方法の他、実店舗でも注文、支払いができます。また、インターネットや携帯電話からも注文ができます。

消費者のニーズに合わせて、多様な選択肢を用意していることが特長です。アフター・サービスの面では、修理体制が特徴的です。修理体制にも力を入れており、買い換えることなく使い続けられるよう設計されています。

図 7-15　カタログハウスのマーケティング・ミックス

戦術	具体的な事例
商品	「永く使えて、ゴミにならないすぐれ物を探せ!」というコンセプト通り、非常に差別化がなされている
オファー	レスポンス性を高めるためのサービスをアピール
コミュニケーション	「カタログ+店舗」のメディアミックス
フルフィルメント	多様な注文方法、充実の修理体制

section 1　テレビ・マーケティングの標的市場設定法
section 2　テレビ・マーケティングの価値創造戦略
section 3　テレビ・マーケティングの価値伝達戦略
section 4　テレビ・マーケティングの事例

PART 8

テレビ・マーケティング

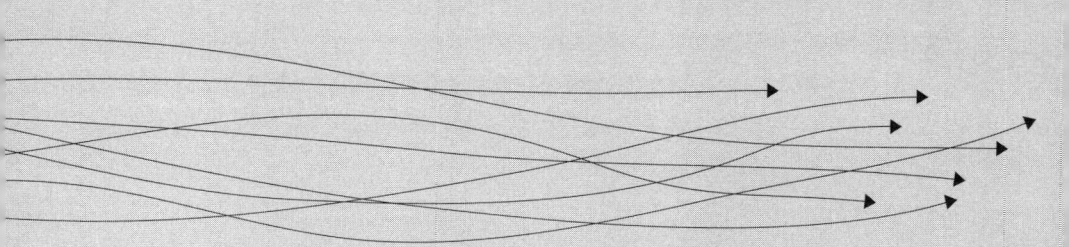

身近になった
テレビ・マーケティング。
消費者視点の戦略は
どのように生まれているのか?

section 1　テレビ・マーケティング

テレビ・マーケティングの標的市場設定法

　テレビ・ショッピングに代表されるテレビ・マーケティングの標的顧客は、まさにテレビを視聴している人々になります。視聴時間帯によって標的顧客の層が異なります。ここでは、消費者の利用実態や番組表をもとに、効果的・効率的な標的市場設定法について見ていきます。

(1) 主要なターゲット層

　通信販売の利用実態を調査した日本通信販売協会の資料によると、テレビ・ショッピング全体の利用率は24.2%ですが、60歳代以降の利用率が高く、なかでも70歳代男性・女性の利用率が特に高いことがわかります。

　この層は、インターネットの利用率が低く、細かい文字の製品説明を見ることが辛い年代です。足・腰など健康への不安を抱える方が多く、できれば家にいながら買い物をしたいと考え、馴染みがあるメディアで、視覚的・感覚的にわかりやすく製品説明をしてくれるテレビ・ショッピングを活用していることがわかります。高齢化社会の進展により、今後も市場の継続的拡大が期待できるターゲット層です。

　好奇心・購買意欲の旺盛な30～50代女性も、主要なターゲット層です。百貨店などさまざまな業態が、この層を主要ターゲットとしています。流行への感度が高く、常に自分にとってメリットのある新しいものを求めており、購買経験が豊富なことから、製品に向けられる目はかなり厳しいものがあります。

　時間的・経済的に余裕があると考えられる、ケーブルテレビなど有料

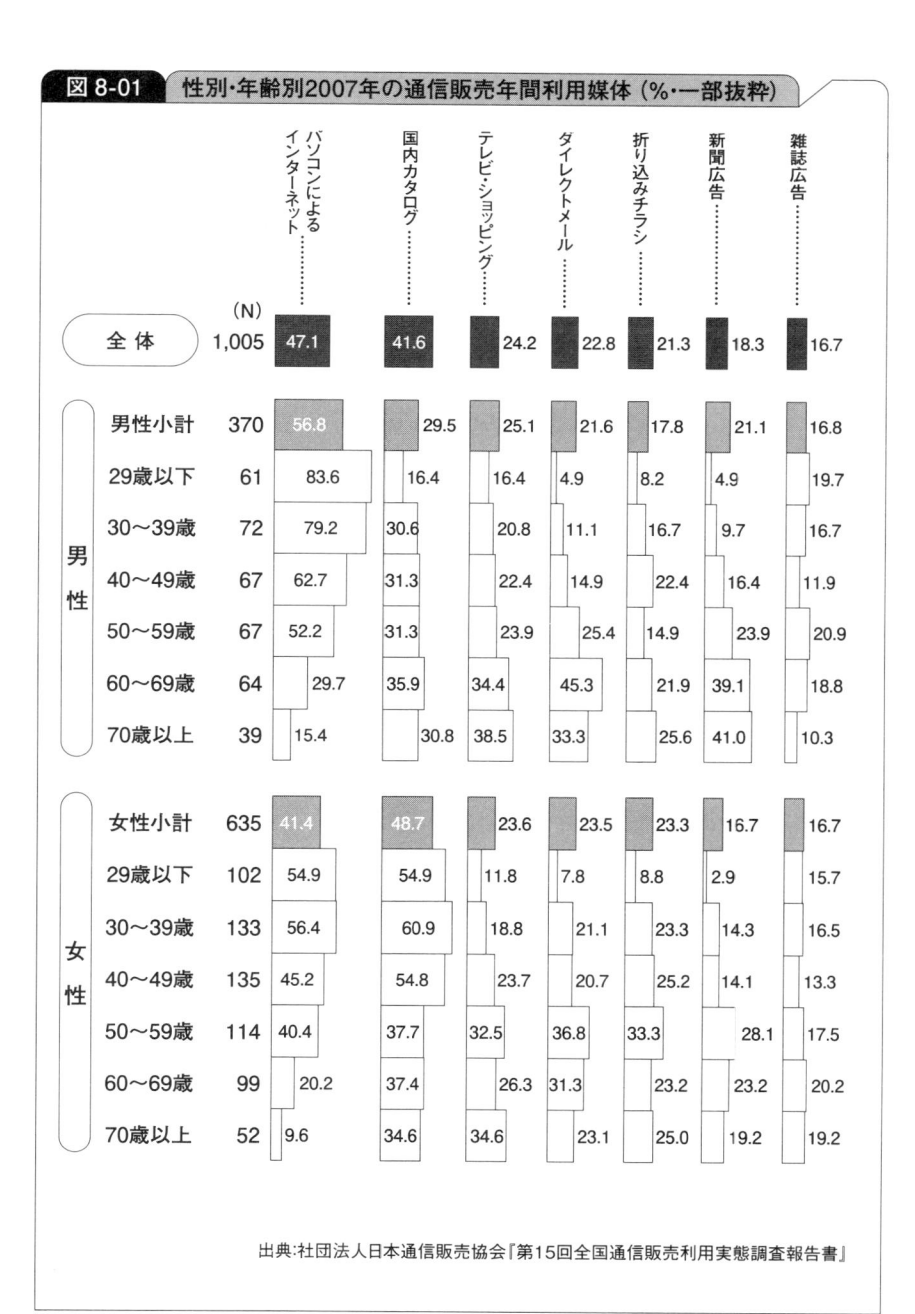

図 8-01　性別・年齢別2007年の通信販売年間利用媒体（％・一部抜粋）

		(N)	パソコンによるインターネット	国内カタログ	テレビ・ショッピング	ダイレクトメール	折り込みチラシ	新聞広告	雑誌広告
全体		1,005	47.1	41.6	24.2	22.8	21.3	18.3	16.7
男性	男性小計	370	56.8	29.5	25.1	21.6	17.8	21.1	16.8
	29歳以下	61	83.6	16.4	16.4	4.9	8.2	4.9	19.7
	30～39歳	72	79.2	30.6	20.8	11.1	16.7	9.7	16.7
	40～49歳	67	62.7	31.3	22.4	14.9	22.4	16.4	11.9
	50～59歳	67	52.2	31.3	23.9	25.4	14.9	23.9	20.9
	60～69歳	64	29.7	35.9	34.4	45.3	21.9	39.1	18.8
	70歳以上	39	15.4	30.8	38.5	33.3	25.6	41.0	10.3
女性	女性小計	635	41.4	48.7	23.6	23.5	23.3	16.7	16.7
	29歳以下	102	54.9	54.9	11.8	7.8	8.8	2.9	15.7
	30～39歳	133	56.4	60.9	18.8	21.1	23.3	14.3	16.5
	40～49歳	135	45.2	54.8	23.7	20.7	25.2	14.1	13.3
	50～59歳	114	40.4	37.7	32.5	36.8	33.3	28.1	17.5
	60～69歳	99	20.2	37.4	26.3	31.3	23.2	23.2	20.2
	70歳以上	52	9.6	34.6	34.6	23.1	25.0	19.2	19.2

出典：社団法人日本通信販売協会『第15回全国通信販売利用実態調査報告書』

PART 8　テレビ・マーケティング

視聴サービスの加入者も、有望なターゲットです。ここ数年、テレビ・ショッピング全体の利用率にさほど変化はありませんが、テレビ・ショッピング市場は年々拡大しています。年間100万円以上購入する利用者も多く、ヘビーユーザー化の進展がマーケットを支えています。

(2) ターゲットとすべき時間帯

　60歳代以上の方々は起床時間が早く、早朝からよくテレビを見ていますので、5：00〜7：00がターゲットとすべき時間帯です。関心が高い健康関連商材などのプログラム提供が効果的です。

　30〜50代女性は、①23：00〜1：00と②11：00〜13：00がターゲットです。①は1日の仕事・家事が終わってようやくひと息つける時間帯、②は主婦が午前中の家事が一段落する時間帯です。仕事を持つ女性は、金曜日の①の時間帯に「1週間頑張った自分へのご褒美」として、また主婦は、週末の家事ストレスから開放された月曜日の②の時間帯に、テレビ・ショッピングを活用するケースが多いようです。

　また、①23：00〜1：00は、スポーツ・バラエティ・ドラマ番組など、一般的に視聴者が興味を持つ番組がひと段落し、ザッピング（面白い番組を探そうと、チャンネルを次々に変えること）が多くなる時間帯です。この時間帯は、最も売上を稼ぐテレビ・ショッピングの「ゴールデンタイム」であり、事業各社は魅力的なプログラムの提供にしのぎを削っています。

　人々のライフスタイルは、年々変化しています。主要なターゲット層の1日・1週間の標準的なライフスタイルを常に把握し、テレビの前でほっとひと息つける時間帯にターゲットを定めて、魅力的なプログラムを提供することが継続的な事業の成長につながります。

図 8-02　民放BS放送とテレビ・ショッピング事業者24時間生放送の番組表

民放BSチャンネル

02:00	モールテレビショッピング
02:30	贈り物テレビショッピング
04:28	美と健康のテレビショッピング
04:57	贈り物テレビショッピング
05:26	健康テレビショッピング
05:55	モールテレビショッピング
06:25	健康情報テレビショッピング
06:55	天気予報
07:00	贈り物テレビショッピング
08:00	ニュース
08:05	テレビ通販事業者テレビショッピング
09:00	韓国ドラマ
10:00	テレビ通販事業者テレビショッピング
10:55	ニュース
11:00	テレビ通販事業者テレビショッピング
12:00	韓国ドラマ
13:00	ニュース
14:00	テレビ通販事業者テレビショッピング
14:29	贈り物テレビショッピング
15:00	テレビ通販事業者テレビショッピング
15:55	ニュース
16:00	テレビ通販事業者テレビショッピング
16:29	贈り物テレビショッピング
17:00	名作アニメ
18:30	グルメ番組
18:55	旅行番組
19:00	トーク番組
19:30	ニュース
19:55	天気予報
20:00	報道番組
21:00	ドキュメンタリー番組
21:55	旅行番組
22:00	韓国ドラマ
23:00	ドラマ
23:55	ニュース
24:00	テレビ通販事業者テレビショッピング

24時間生放送チャンネル

時間	カテゴリ
0:00	番組推奨商品
1:00	ホーム・インテリア
2:00	ファッション
3:00	家電・エレクトロ
4:00	ミックス
5:00	グルメ・お酒・コレクターズ・旅行・お花
6:00	ミックス
7:00	ファッション
8:00	コスメ
9:00	美容・ダイエット・フィットネス
10:00	ファッション
11:00	コスメ
12:00	番組推奨商品
13:00	ファッション
14:00	ファッション
15:00	ミックス
16:00	美容・ダイエット・フィットネス
16:29	美容・ダイエット・フィットネス
17:00	コスメ
18:00	ミックス
19:00	コレクターズ・旅行・お花
20:00	ファッション
21:00	美容・ダイエット・フィットネス
22:00	グルメ・お酒・コレクターズ・旅行・お花
22:43	番組推奨商品
23:00	コスメ

PART 8　テレビ・マーケティング

section 2　テレビ・マーケティング

テレビ・マーケティングの価値創造戦略

　ターゲット層とそのターゲットとすべき時間帯がわかっても、提案する製品が品質・価格面で魅力がない場合、売上が思うように伸びず、その製品は再びターゲット層に対して提案されることはありません。

(1) 製品戦略

　日本通信販売協会によれば、通信販売全体では、「趣味・娯楽用品」「婦人衣料品」「化粧品・医薬品」が、昨年1年間に購入し、今年もまた購入したいと考えている、いわば顧客満足度の高い製品カテゴリーです。

　テレビ・ショッピングでは、主要なターゲット層の興味・関心が高い「ダイエット」「健康」「ジュエリー」の3カテゴリーの製品提供が、売上の中心です。

　ただし、3カテゴリーの製品であれば、何でも売れるというものではありません。「高品質」「高付加価値」「希少性」という顧客ニーズを満たすことが必要です。なかでも、「希少性」は顧客の購買心理をくすぐります。各事業者の仕入担当者は、仕入先と共同で希少性の高い製品を求め東奔西走しています。場合によっては、これまで蓄積した販売データをもとに、メーカーへ製品開発提案を行うこともあります。

　顧客に対して継続的に、「高品質」「高付加価値」「希少性」を満たす製品を提供することができなくなったとき、業界の成長もストップします。地域に埋もれている製品を情報収集力・交渉力の強化で発掘するのと並行して、テレビ・ショッピング事業者・仕入先・メーカーが共同で製品開発を進めていく体制づくりおよび推進が、継続的な事業成長を実

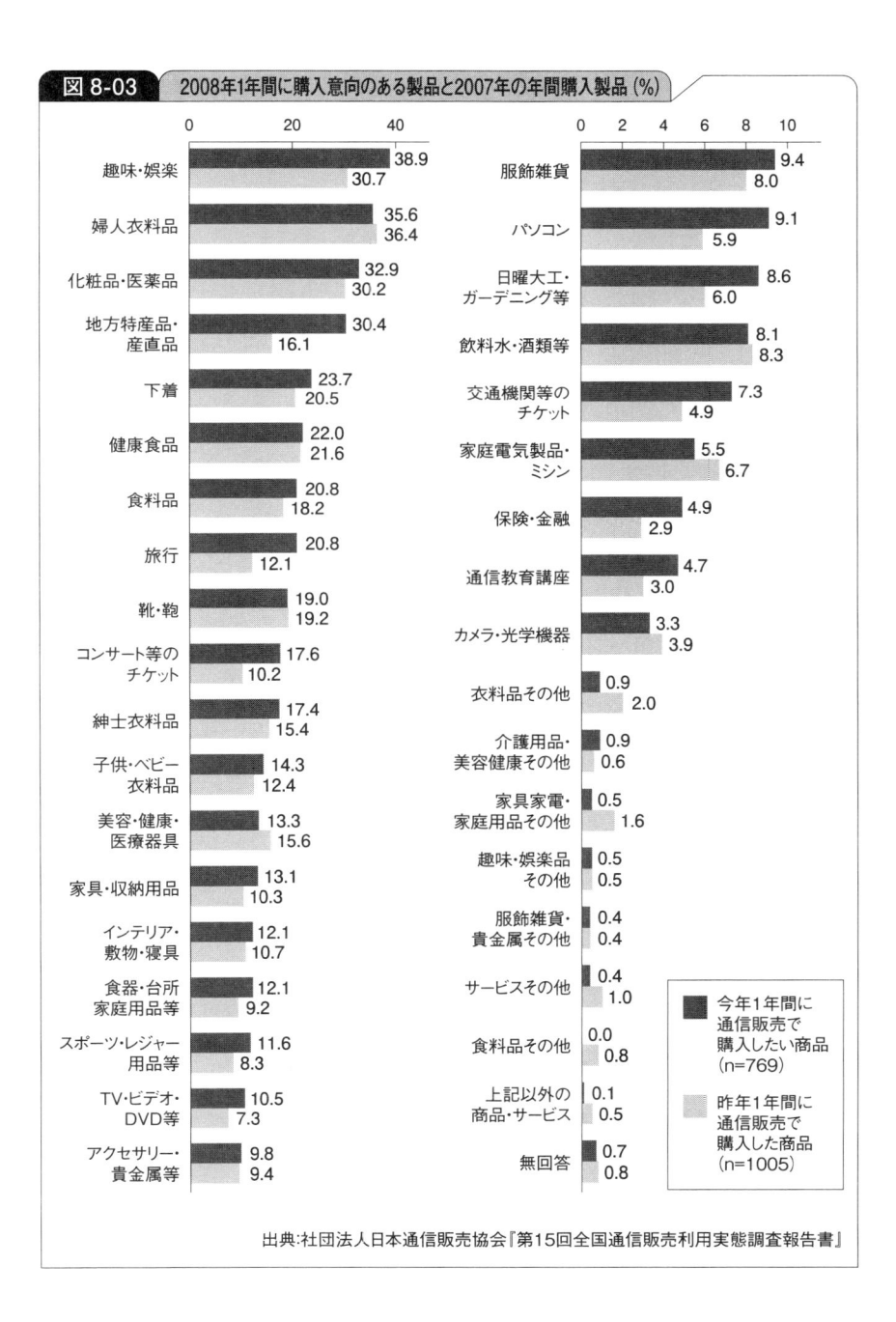

図 8-03 2008年1年間に購入意向のある製品と2007年の年間購入製品 (%)

品目	今年購入意向	昨年購入
趣味・娯楽	38.9	30.7
婦人衣料品	35.6	36.4
化粧品・医薬品	32.9	30.2
地方特産品・産直品	30.4	16.1
下着	23.7	20.5
健康食品	22.0	21.6
食料品	20.8	18.2
旅行	20.8	12.1
靴・鞄	19.0	19.2
コンサート等のチケット	17.6	10.2
紳士衣料品	17.4	15.4
子供・ベビー衣料品	14.3	12.4
美容・健康・医療器具	13.3	15.6
家具・収納用品	13.1	10.3
インテリア・敷物・寝具	12.1	10.7
食器・台所家庭用品等	12.1	9.2
スポーツ・レジャー用品等	11.6	8.3
TV・ビデオ・DVD等	10.5	7.3
アクセサリー・貴金属等	9.8	9.4
服飾雑貨	9.4	8.0
パソコン	9.1	5.9
日曜大工・ガーデニング等	8.6	6.0
飲料水・酒類等	8.1	8.3
交通機関等のチケット	7.3	4.9
家庭電気製品・ミシン	5.5	6.7
保険・金融	4.9	2.9
通信教育講座	4.7	3.0
カメラ・光学機器	3.3	3.9
衣料品その他	0.9	2.0
介護用品・美容健康その他	0.9	0.6
家具家電・家庭用品その他	0.5	1.6
趣味・娯楽品その他	0.5	0.5
服飾雑貨・貴金属その他	0.4	0.4
サービスその他	0.4	1.0
食料品その他	0.0	0.8
上記以外の商品・サービス	0.1	0.5
無回答	0.7	0.8

■ 今年1年間に通信販売で購入したい商品 (n=769)
□ 昨年1年間に通信販売で購入した商品 (n=1005)

出典:社団法人日本通信販売協会『第15回全国通信販売利用実態調査報告書』

PART 8 テレビ・マーケティング

現する鍵になります。

(2) 価格戦略

　テレビ・ショッピングでは、価格は製品のプレゼンテーションがひと通り終わった後にアナウンスがあり、同時にテロップで表示されます。
　製品カテゴリー別の売れ筋価格は、次のとおりです。
　①美容・健康：5,000円〜20,000円程度
　②ファッション・アパレル：10,000円〜30,000円程度
　③ジュエリー：50,000円〜
　④アクセサリー：〜10,000円
　⑤キッチン用品：3,000円〜8,000円程度
　⑥生活雑貨：3,000円前後

　製品を顧客に届けるには、送料が発生します。日本国内のロジスティクス・コストは海外と比較して高く、比較的価格が安い製品では、製品価格に対する送料の負担割合が高くなります。送料を見て購買を止めたとの声も多く、企業は顧客の送料負担を無料・軽減する策を講じています。

　ショッピング・クレジット・ローンの導入も、顧客の購買障壁を下げることにつながります。特に、一生ものや数年〜数十年にわたって使用可能、かつ高額製品には有効な策です。金利・手数料を負担する事業者も多く見受けられます。

　テレビの前の人が購買行動を起こすかどうかは、購買に際してのトータル・コスト（製品価格＋送料＋ショッピング・クレジット・ローンの場合金利・手数料）が、製品の「高品質」「高付加価値」「希少性」に対して適正であるかどうかにかかっています。企業は、仕入先はもとより配送会社・クレジット会社との交渉・提携により、顧客により適正に製品を提供し続けることができる体制の構築・推進に注力しています。

図 8-04　通信販売の短所および推移(%)

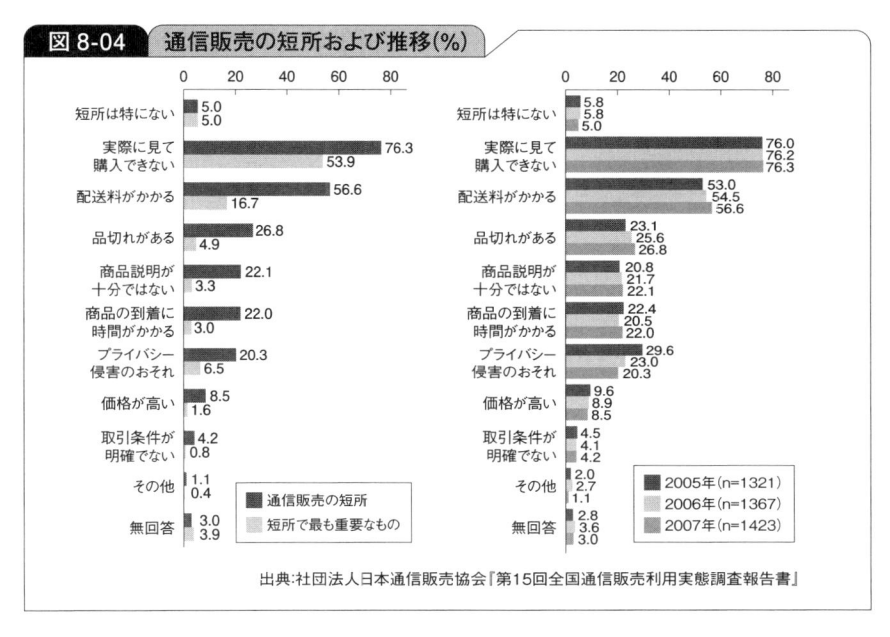

項目	通信販売の短所	短所で最も重要なもの	2005年(n=1321)	2006年(n=1367)	2007年(n=1423)
短所は特にない	5.0	5.0	5.8	5.8	5.0
実際に見て購入できない	76.3	53.9	76.0	76.2	76.3
配送料がかかる	56.6	16.7	53.0	54.5	56.6
品切れがある	26.8	4.9	23.1	25.6	26.8
商品説明が十分ではない	22.1	3.3	20.8	21.7	22.1
商品の到着に時間がかかる	22.0	3.0	22.4	20.5	22.0
プライバシー侵害のおそれ	20.3	6.5	29.6	23.0	20.3
価格が高い	8.5	1.6	9.6	8.9	8.5
取引条件が明確でない	4.2	0.8	4.5	4.1	4.2
その他	1.1	0.4	2.0	2.7	1.1
無回答	3.0	3.9	2.8	3.6	3.0

出典:社団法人日本通信販売協会『第15回全国通信販売利用実態調査報告書』

図 8-05　通信販売事業者の送料の負担

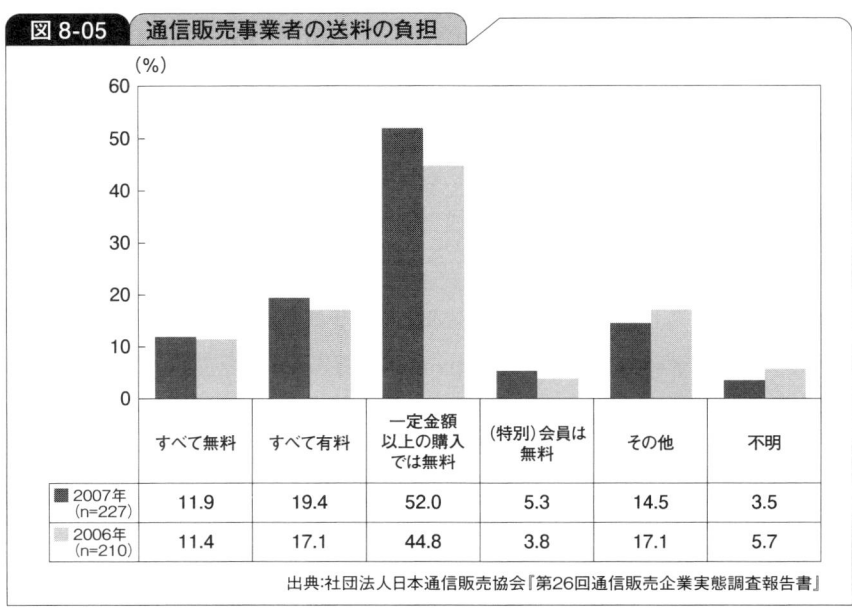

	すべて無料	すべて有料	一定金額以上の購入では無料	(特別)会員は無料	その他	不明
2007年(n=227)	11.9	19.4	52.0	5.3	14.5	3.5
2006年(n=210)	11.4	17.1	44.8	3.8	17.1	5.7

出典:社団法人日本通信販売協会『第26回通信販売企業実態調査報告書』

PART 8　テレビ・マーケティング

section 3 　テレビ・マーケティング

テレビ・マーケティングの価値伝達戦略

　テレビ・ショッピングの市場成長に、顧客に製品の価値をよりわかりやすく伝達するインフォマーシャル（インフォメーションとコマーシャルの合成語、5〜30分ほどの番組仕立てCM）が貢献しています。

　市場成長を支え、顧客に安心感を与える受注・発送システムの構築も必要です。ここでは、価値伝達戦略を情報伝達戦略と製品伝達戦略に分けて見ていきます。

(1) 情報伝達戦略
①テレビ・マーケティングの特徴
　情報伝達戦略で、テレビ・ショッピングが、利用者が多いカタログ販売・インターネット販売と比較して優れている点は、次のとおりです。
a. 製品特徴を映像で「視覚的」「直感的」に理解できる
　通信販売の短所として、利用者は「実際に見て購入することができない」「商品説明が十分でない」ことを上位にあげています。その短所に対応すべく、テレビ・ショッピングでは、インフォマーシャルなど巧みな番組プログラムにより、映像を通じて製品特徴をわかりやすく利用者に伝えています。
b. どんどん売れていく「臨場感」を提供できる
　ほとんどの場合、各製品の販売数量は限定されています。生放送では、番組放送中に残りの数量がリアルタイムに表示され、利用者の購買意欲を煽ります。購買を後押しするプレゼンターのキラーワードとして、「今ならまだ間に合います」「次の販売は〇年以上先です」があります。

番組プログラムでは、プレゼンターの役割・演出が重要です。製品特徴のわかりやすいプレゼンテーションはもちろんのこと、清潔感・絶え間ない笑顔・時間帯にあった服装など、製品イメージを損なうことがないよう自身のイメージに配慮する必要があります。またジャパネットたかたの高田社長の声は高くて特徴的ですが、視聴者に対してインパクトがあり、また掃除機や洗濯機のプレゼンテーションの際、稼働音にかき消されることなく、視聴者の耳に製品特徴が伝わります。声質を変えることは困難ですが、継続的なボイストレーニングは必要です。

②情報伝達戦略の高度化

　テレビ・ショッピングの市場成長に伴い、顧客を引き付け、また囲い込みを可能にする番組プログラムおよびプロモーションも高度化してきました。テレビ・ショッピングの「ゴールデンタイム」では、事業各社は魅力的な番組プログラムの提供にしのぎを削っています。

　ジュピターショップチャンネルは「ショップスタースクエア」、QVCジャパンは「today's special value」というプログラム名で、これまで販売実績のある製品を中心に、人気の高いプレゼンターを起用して売上の最大化を図っています。

　QCVジャパンは、ヘビーユーザーを中心に、抽選でスタジオ見学やプレゼンターとの写真撮影会を実施し、特設会場で実売・御礼セールを行っています。

③今後の情報伝達戦略の方向

　地上デジタル放送の普及により、これまで以上にインタラクティブかつリアル感のある番組プログラムの提供が必要となってきます。合わせて、事業各社の利用者に対する熱意・誠意を直に伝える場を定期的に提供することが優良顧客の確保、さらなるヘビーユーザー化につながります。

(2) 製品伝達戦略

　利用者が安心してオーダーできる受注・発送システムについて、流れに沿って見ていきます。

①コールセンターの機能拡充

　テレビ・ショッピングのゴールデンタイムは、深夜にもかかわらず利用者からの注文や問い合わせの電話が殺到する、1日の中で一番忙しくなる時間帯です。

　数十～数百人規模のオペレーターの他に、「IVR（音声自動応答装置）」を使った無人の音声ガイド受注システムを用意している事業者もあります。

　IVRは、オペレーター対応よりも電話がつながりやすく、オペレーターに電話がつながる順番を待っている間に製品が売り切れてしまう確率が低くなります。コールセンターの業務効率化にも効果があります。

　利用者が安心してオーダーできるようにするためには、質の高いオペレーターの育成と定着が必要です。ベテラン・オペレーターとのOJTを基本として、対応マニュアルの随時更新・共有化、社内研修などの育成カリキュラムが組まれています。

　定着のために、応対能力を競う社内コンテスト、在宅勤務制度の導入などが実施されています。

　利用者のオーダーに際しての利便性向上のため、Webサイト・携帯サイトからもオーダーできる体制を構築しています。

②配送品質の向上

　「商品の到着に時間がかかる」「プライバシー侵害のおそれ」を通信販売の短所にあげる利用者の割合は多く、事業各社は配送効率の向上および誤配送の撲滅に全力をあげています。大型物流センターの稼働・運営や自動ピッキングシステムの導入、提携宅配業者との各種取組み、宛先ラベルの視認性向上などにより、オーダーから3～4日以内での誤配送

の大幅削減を実現する事業者もあります。

　テレビ・ショッピングの製品伝達戦略では、取引で利用者に安心感を与えることが最優先です。優秀なオペレーターを育成・定着させるための継続的なインターナル・マーケティングの実践、および外部との連携・売上拡大に対応する投資により、利用者に迅速・確実に製品を届ける配送インフラの整備推進が必要です。

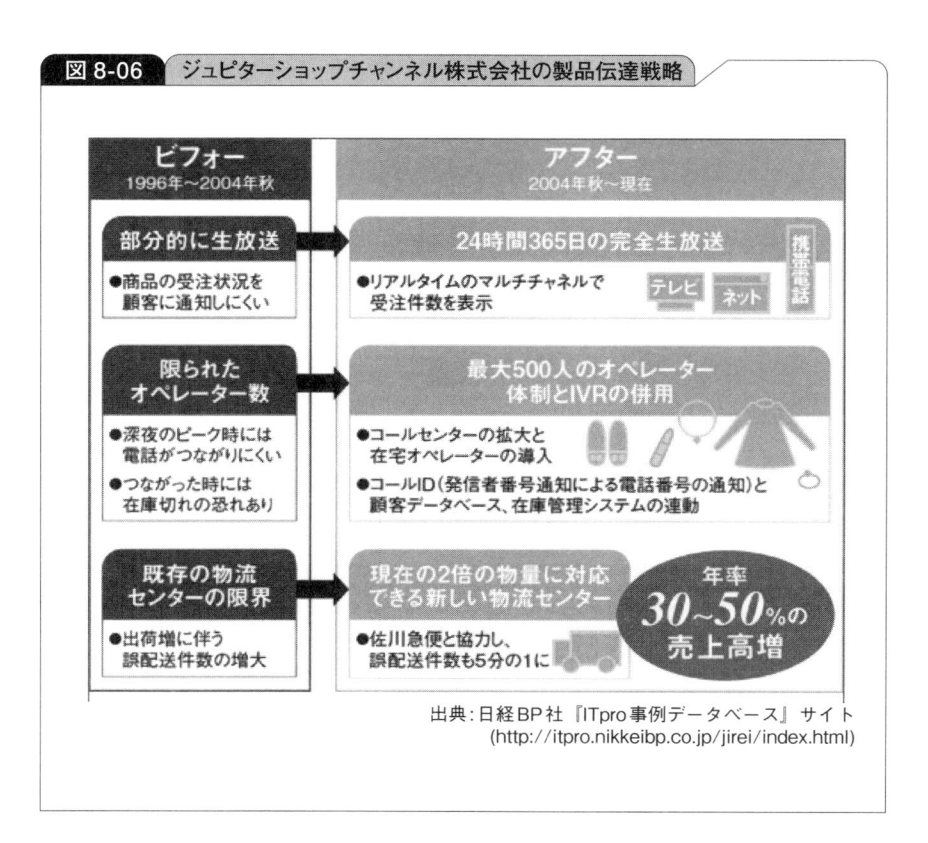

図 8-06　ジュピターショップチャンネル株式会社の製品伝達戦略

ビフォー（1996年～2004年秋）

- 部分的に生放送
  - 商品の受注状況を顧客に通知しにくい
- 限られたオペレーター数
  - 深夜のピーク時には電話がつながりにくい
  - つながった時には在庫切れの恐れあり
- 既存の物流センターの限界
  - 出荷増に伴う誤配送件数の増大

アフター（2004年秋～現在）

- 24時間365日の完全生放送
  - リアルタイムのマルチチャネルで受注件数を表示（テレビ／ネット／携帯電話）
- 最大500人のオペレーター体制とIVRの併用
  - コールセンターの拡大と在宅オペレーターの導入
  - コールID（発信者番号通知による電話番号の通知）と顧客データベース、在庫管理システムの連動
- 現在の2倍の物量に対応できる新しい物流センター
  - 佐川急便と協力し、誤配送件数も5分の1に

年率30～50％の売上高増

出典：日経BP社『ITpro事例データベース』サイト
(http://itpro.nikkeibp.co.jp/jirei/index.html)

PART 8　テレビ・マーケティング

section 4　テレビ・マーケティング

テレビ・マーケティングの事例

　ここでは、テレビ・ショッピング業界のリーディング企業である「ジュピターショップチャンネル株式会社」の事例を紹介します。

(1) 業界初の1,000億円企業へ

　同社の設立は1996年です。以降、年率2桁以上の成長を続け、2007年12月期の売上高は1,023億円に上ります。後発のQVCジャパン（2006年度売上高734億円）とともに、業界で2強を形成しています。

　番組の視聴可能世帯数は、約2,212万世帯（2007年12月末現在）とテレビ・ショッピングではトップであり、日本のテレビ視聴世帯数の3分の1を超える世帯で視聴可能です。

　日本のテレビ・ショッピングでははじめて、製品の買い付け・番組制作・受注や問い合わせの窓口・配送・インターネットショッピングを自社で一貫管理するシステムを導入しています。2004年からハイビジョン対応のスタジオに移動し、日本のテレビ・ショッピング専門チャンネルでは、初の24時間完全生放送を実施しています。

　顧客のほぼ9割が女性であることから、専門バイヤーが国内外から買い付け、番組で紹介する製品は、ジュエリー・ファッション・ビューティーメイク・ホーム・インテリア等が中心で、製品数は1週間で700点にも上り、常に新鮮な製品・情報の提供が必要なことから、半分が新製品です。

(2) 視聴者の購入意欲を喚起する「ライブ感」

　午前0時からの1～2時間が、テレビ・ショッピングのゴールデンタ

イムです。眠気を誘う深夜帯で視聴者をテレビに釘付けにするのが、「ライブ感」です。ジュピターショップチャンネルは、「ショップスタースクエア」という、製品・価格面でバリューの高いプログラムを視聴者に提供しています。

　しかし、これだけでは、1日でダイソン掃除機を6億円も販売したり、北海道から取り寄せた黄金松前漬を1日で4万2000個以上も販売するといった、爆発的な販売力は期待できません。同社の番組づくりの特徴を表すキーワードの1つが、「ライブ感」です。

　放送開始後注文が入り始めると、プレゼンターの声が徐々にヒートアップしていきます。生放送中のスタジオでは製品の実演が繰り返され、プログラム途中に、注文の電話をかけてきた顧客とプレゼンターとの生の電話のやりとりまで加わり、熱気がどんどん注入されていきます。

　プログラムをヒートアップさせるのが、テレビ画面の下に表示されている製品の「受注件数」です。生放送中に製品の販売個数がリアルタイムで増えていき、人気製品ともなるとカウンターはあっという間に数千個まで上昇します。視聴者に「今ものすごく売れている」という、実店舗でのバーゲンセールさながらの「ライブ感」を提供することによって、視聴者の購買意欲をかき立てていきます。

　同社オリジナルの受注システムが、「ライブ感」を裏で支えています。コールセンターが通話中ならば、ヒートアップした視聴者の購買意欲はたちまち冷めてしまいます。何分も待たされて、やっと電話がつながったときに売り切れでは、顧客満足度は低下してしまいます。

　同社の受注経路は、700名体制のコールセンターのオペレーターの他、IVR（自動音声応答）やインターネット、携帯電話などさまざまです。すべてのチャネルで数千件もの受注を瞬時にこなしながら、受注件数や電話の待機件数、残りの在庫数をリアルタイムに集計して、生放送中の番組スタジオで、スタッフが常に確認しています。刻一刻と減る在庫数

図 8-07　ジュピターショップチャンネル東京コールセンター

出典：日経BP社『ITpro事例データベース』サイト

に応じて、プレゼンターは視聴者に今の状況をタイムリーに伝達し、購入の意思決定を促進させます。

(3) 顧客一人ひとりとのベストな関係づくり

　同社は、製品仕入・番組構成・番組制作・受注・配送・インターネットショッピングまで一貫管理しています。これにより、①受注状況を番組内で告知することで、売り切れの製品の情報を的確に流せる、②コールセンターの対応も同時に可能となり、充実したサービスを提供できる、③自社運営サイトやiモードによるリアルタイム受注や過去に販売した製品の閲覧・注文などができる、といったメリットを視聴者に提供することができます。

　テレビ・ショッピング実施企業で、同システムを導入したのは同社が初めてです。同社は、継続的に顧客とのさまざまな接点から顧客メリッ

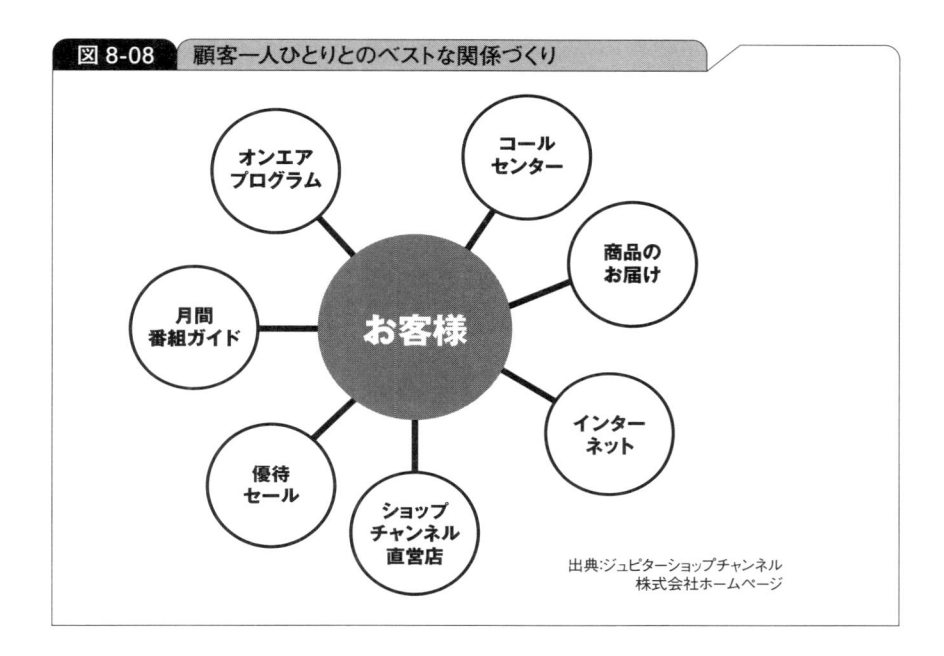

図 8-08　顧客一人ひとりとのベストな関係づくり

- オンエアプログラム
- コールセンター
- 商品のお届け
- インターネット
- ショップチャンネル直営店
- 優待セール
- 月間番組ガイド
- お客様

出典：ジュピターショップチャンネル株式会社ホームページ

トを提供し、「お客様一人ひとりと、ベストな関係を」構築して、常にダイレクト・セリングの世界をリードし続けています。

参考文献

- 『マーケティング原理（第9版）』（P.コトラー/G.アームストロング著 ダイヤモンド社/ピアソン・エデュケーション）
- "Principles of Marketing tenth edition"（P.Kotler/G.Armstrong Pearson Prentice Hall）
- 『コトラーのマーケティング入門』（P.コトラー/G.アームストロング著 ピアソン・エデュケーション）
- 『コトラーのマーケティング・マネジメント（ミレニアム版）』（P.コトラー著 ピアソン・エデュケーション）
- 『有斐閣アルマ 新版 マーケティング戦略』（和田充夫・恩蔵直人・三浦俊彦著 有斐閣）
- 『中堅・中小企業のマーケティング戦略』（山本久義著 同友館）
- 『マーケティング・ベーシックス』（社団法人日本マーケティング協会編 同文舘出版）
- 『競争の戦略』（M.ポーター著 ダイヤモンド社）
- 『競争優位の戦略』（M.ポーター著 ダイヤモンド社）
- 『戦略的マーケティングの論理』（嶋口充輝著 誠文堂新光社）
- 『柔らかいマーケティングの論理』（嶋口充輝著 ダイヤモンド社）
- 『戦略的商品管理』（徳永豊著 同文舘出版）
- 『インターナル・マーケティング』（木村達也著 中央経済社）
- 『ハイパワー・マーケティング』（J・エイブラハム著 インデックス・コミュニケーションズ）
- 『最新・戦略経営』（H.I.アンゾフ著 産能大学出版部）
- 『事業の定義』（エーベル著 千倉書房）
- 『有斐閣アルマ 組織論』（桑田耕太郎・田尾雅夫著 有斐閣）
- 『実況LIVE マーケティング実践講座』（須藤実和著 ダイヤモンド社）

- 『シュガーマンのマーケティング30の原則』（J・シュガーマン著　フォレスト出版）
- 『コンサルティング・コーチング』（社団法人中小企業診断協会著　同友館）
- 『体系　ダイレクトマーケティング』（中澤功著　ダイヤモンド社）
- 『自販機マーケティング』（ベンディングマシーン・マーケティング研究会編著　ダイヤモンド・フリードマン社）
- 日本経済新聞2007年10月16日付
- 社団法人日本自動販売機工業会ホームページ
- 日本アムウェイ合同会社ホームページ
- 株式会社エーエム・ピーエム・ジャパンホームページ
- 株式会社セックコーポレーション　ホームページ
- 株式会社八洋ホームページ
- ボランティア・ベンダー協会ホームページ
- 中小企業ビジネス支援サイト「J-Net21」
- 日経BP社『ITpro事例データベース』サイト
- ジュピターショップチャンネル株式会社ホームページ
- 社団法人日本自動販売機工業会ホームページ
- 総務省『通信利用動向調査』
- 経済産業省『平成19年度我が国のIT利活用に関する調査研究』
- 社団法人日本通信販売協会『第15回全国通信販売利用実態調査報告書』
- 社団法人日本通信販売協会『第26回通信販売企業実態調査報告書』

監修者
山口 正浩（やまぐち まさひろ）
（株）経営教育総合研究所代表取締役社長、中小企業診断士の法定研修（理論政策更新研修）経済産業大臣登録講師。産業能率大学兼任講師、経済産業大臣登録中小企業診断士、経営学修士（MBA）。日本経営教育学会、日本経営診断学会、日本財務管理学会など多数の学術学会に所属し、財務や経営戦略、事業再生に関する研究をする一方、各種企業・地方公共団体にて、経営幹部、営業担当者の能力開発に従事している。
著書として、『経済学・経済政策クイックマスター』、『アカウンティングクイックマスター』（以上同友館）、『3級・販売士最短合格テキスト』『減価償却の基本がわかる本』（以上、かんき出版）、『販売士検定3級 重要過去問題 傾向の分析と合格対策』（秀和システム）など、80冊以上の著書・監修書がある。

木下 安司（きのした やすし）
（株）セブン-イレブン・ジャパン システム部を経て、経営コンサルタントとして独立。昭和57年、（株）東京ビジネスコンサルティング（現（株）TBC）を創業。現在、（株）TBC代表取締役社長、（株）経営教育総合研究所主任研究員。経済産業大臣登録中小企業診断士。
業界屈指の合格率を誇る「TBC受験研究会」を28年間主宰し、中小企業診断士の育成、指導を通じて人的ネットワークを構築。企業の経営革新・事業再生支援に注力している。
著書に、『図解 よくわかるこれからの流通』（同文舘出版）、『コンビニエンスストアの知識』『小売店長の常識』（日本経済新聞出版社）、『セブン-イレブンに学ぶ超変革力』（講談社）、『手にとるようにマーチャンダイジングがわかる本』（かんき出版）など多数。

執筆者
笹田 隆史（ささだ たかし）
（株）経営教育総合研究所研究員、中小企業診断士。現在、食品会社で農業事業に従事。営業・マーケティングに精通している。PART1、6、8担当。

砂子 隆志（すなこ たかし）
（株）経営教育総合研究所研究員、中小企業診断士。鉄道会社を経て、現在は旅行会社にてマーケティングに従事。WEBマーケティング、地域振興に精通している。PART 1、3、7担当。

永井 貴之（ながい たかゆき）
（株）経営教育総合研究所研究員、中小企業診断士。中小企業の経営革新、情報・IT活用のコンサルティングに従事。IT戦略、小売・飲食業の戦略に精通している。PART 1,4〜5担当。

福嶋 康徳（ふくしま やすのり）
（株）経営教育総合研究所研究員、中小企業診断士、ファイナンシャルプランナー（AFP）。国内鉄道事業の経営管理、マネジメント部門に従事。ICカードビジネス、新規事業分野のビジネスプラン策定に精通している。PART 1〜3担当。

竹永 亮（たけなが まこと）
（株）経営教育総合研究所取締役主任研究員、中小企業診断士、経営学修士（MBA）。大手訪問販売化粧品メーカーを経て現職に至る。上場企業・大手金融機関の社内大学構築コンサルティングに従事。元・早稲田大学大学院アジア太平洋研究科委嘱講師。

マーケティング・ベーシック・セレクションシリーズ

ダイレクト・マーケティング

平成21年9月1日　初版発行

監修者───山口正浩

編著者───竹永　亮

発行者───中島治久

発行所───同文舘出版株式会社
　　　　　東京都千代田区神田神保町1-41　〒101-0051
　　　　　電話 営業03（3294）1801　編集03（3294）1803
　　　　　振替 00100-8-42935
　　　　　http://www.dobunkan.co.jp

Ⓒ M.Yamaguchi
印刷／製本：シナノ

ISBN978-4-495-58531-0
Printed in Japan 2009

流通マーケティング

㈱経営教育総合研究所
山口正浩 監修
田中秀一 編著

マーケティング・ベーシック・セレクション・シリーズ
Marketing Basic Selection Series

多様化しているマーケティングを12のテーマに分類し、最新事例や図表を使用してわかりやすくまとめたシリーズ。企業のマーケティング研修のテキストとして最適！

- インターネット・マーケティング（既刊）
- 流通マーケティング（既刊）
- ダイレクト・マーケティング（既刊）
- 戦略的マーケティング
- プロダクト・マーケティング
- プライス・マーケティング
- プロモーション・マーケティング
- ブランド・マーケティング
- ロイヤリティ・マーケティング
- ターゲット・マーケティング
- コミュニケーション・マーケティング
- マーケティング・リサーチ

順次刊行

マーケティング・ベーシック・セレクション・シリーズ専用HP
http://www.keieikyouiku.co.jp/MK/

同文舘出版